언제까지
일만 할
것인가 ?

언제까지 일만 할 것인가?

초판 1쇄 2013년 11월 08일
초판 2쇄 2013년 11월 10일

지은이 백만기
펴낸이 채종준
기 획 권성용
편 집 한지은
마케팅 송대호
디자인 이효은

펴낸곳 한국학술정보(주)
주 소 경기도 파주시 문발동 파주출판문화정보산업단지 513-5
전 화 031) 908-3181(대표)
팩 스 031) 908-3189
홈페이지 http://ebook.kstudy.com
E-mail 출판사업부 publish@kstudy.com
등 록 제일산-115호(2000.6.19)

ISBN 978-89-268-5270-5 03040

이담
Books 한국학술정보(주)의 지식실용서 브랜드입니다.

언제까지 일만 할 것인가 ?

아름다운인생학교 교장 **백만기** 지음

이담
Books

어느 날 음대 작곡과에 다니고 있던 딸이 내게 이런 이야기를 했다. "좋은 작품은 이미 19세기에 다 만들어져서 곡을 쓰기가 쉽지 않아요."

그 말을 듣고 보니 정말 그렇다. 지금 우리가 즐겨 듣는 곡들은 거의 19세기에 작곡된 것들이다. 생각해 보면 어떻게 그 많은 곡들이 한 시기에 몰려 작곡됐는지 정말 신기한 일이다. 우리는 그 명곡들을 들으며 때로는 즐거워하기도, 때로는 마음에 위안을 얻기도 한다. 음악이 없었다면 우리의 삶이 얼마나 삭막했을까? 그런 생각이 들 때마다 작곡가들에게 한없는 고마움을 느낀다.

이것이 비단 음악만의 이야기는 아니다. 문학도 마찬가지이다. 나는 40세가 되었을 때 언제까지 이런 생활을 할 것인가 고민을 하다가 50세에 은퇴하기로 목표를 정했다. 목표를 정한 이후 나보다 먼저 삶을 살아오신 분들의 발자취를 조사하기 시작했다. 가장 좋은 방법은 그들이 남긴 책을 읽는 것이었다. 책을 읽다 보니 그 속에 길이 있었다. 짧게는 몇십 년 전, 길게는 몇천 년 전 선인들이 남긴 글을 통해 비로소 나의 꿈을 구체화하는 길을 찾을 수 있었던 것이다. 그야말로 고전은 영원하다는 말을 직접 깨닫는 기회가 되었다. 훌륭한 지혜를 글로 남겨 후세의 사람들이 가야 할 길을 제시해 준 그들에게 감사를 드린다.

올해 초 유영미 아나운서가 진행하는 SBS라디오에 출연했을 때였다.

"은퇴 후 갑자기 늘어난 여유 시간을 어떻게 보낼 예정이신가요?"

유영미 아나운서의 질문에 나는 주저 없이 이렇게 대답했다.

"은퇴 준비를 하며 읽었던 책 속에서 먼저 살았던 사람들의 지혜를 통해 어떻게 살아야 할지를 구체화할 수 있었습니다. 저 또한 제가 경험한 것들을 책으로 엮어 뒤를 좇아올 후학들에게 전하고 싶습니다."

그 계획의 결실이 바로 이 책이다. 내가 쓴 글을 읽고 누군가 자신의 은퇴 계획에 도움을 받는다면 정말 보람된 일이 될 것이다.

사람마다 자라온 환경이나 생활양식이 다르기에 '은퇴 준비는 이렇게 해야 한다'고 단정 지어 말할 수는 없다. 그래서 나는 가끔 은퇴 관련 강의를 할 때면 은퇴를 준비하는 사람에게 "남의 말을 듣지 말라"라고 당부한다. 물론 그 사람의 말이 들을 가치가 없다는 뜻은 아니다. 다만 남의 말을 그대로 따르기보다는 그것을 참고삼아 자신의 생각을 키우는 것이 더 중요하다는 것이다. 이 책도 마찬가지이다. 어떤 사람에게는 공감이 가는 이야기이지만 또 다른 사람에게는 그렇지 않을 수도 있다. 그저 '이런 의견도 있구나'라고 생각하며 여러분의 생각을 정리히는 데 참고해 주기 바란다.

이 책은 모두 4강으로 구성되어 있다. 먼저 1강에서는 은퇴 준비를 할 때 어떤 점에 유의해야 하는지에 대해 정리했고, 2강에서는 인생 후반기를 설계할 때 자신에게 꼭 필요한 것을 발견하는 일의 중요성에 대해 이야기했다. 생각보다 많은 사람들이 자신이 무엇을 좋아하는지 모르고 있다. 그것을 찾기 위해서는 자신을 성찰하는 시간이 필요하다. 만약 자신이 진정 좋아하는 것을 찾을 수 있다면 은퇴 준비의 반은 한 것이나 다름없다. 3강은 은퇴 후 자신이 꿈꾸는 삶을 사는 방법에 대한 이야기다. 사람들은 누구나 의미 있는 삶을 살고자 한다. 특히 세상의 요구와 자신의 재능이 접점을 이룰 수 있다면 그것보다 좋은 것은 없을 것이다. 그곳에 은퇴한 우리가 가야 할 길이 있다. 그 길을 찾을 수 있는 여러 가지 사례에 대한 이야기를 담았다. 4강은 언젠가 맞이할 죽음에 관한 이야기이다. 대부분의 사람들이 죽음을 터부시하고 외면하려고 한다. 그러다 갑자기 아무런 준비 없이 황망하게 세상을 떠나는 사람들이 적지 않다. 죽음을 미리 준비하면서 우리가 그동안 중요하다고 생각했던 가치들을 되돌아보면 어떨까? 죽음에 대한 생각이 무조건 염세적이거나 부정적인 것만은 아니다. 이 장을 통해 남은 생에 대한 계획을 다시 한번 점검해보는 계기가 될 것이다.

언젠가 '작가란 무엇인가?'라는 글을 읽은 적이 있다. 화가는 매일 그림을 그리고, 경영자는 매일 회사 일을 하듯이 작가라면 매일 글을 써야 한다는 것이다. 나는 그 글을 읽고 나서부터 새벽에 일어나서 하루에 한 편씩 글을 쓰기 시작했다. 그리고 그 글을 내가 운영하고 있는 블로그에 올렸다. 초기에는 단순히 나의 생각을 정리하는 것으로 시작한 블로그가 시간이 지나면서 많은 방문객들의 호응을 얻게 되었다. 처음에는 수백 명이었던 방문객이 어느새 하루 수천 명까지 늘어났다. 어떤 날은 2만 명이 넘는 독자가 다녀가기도 했다. 이 책에 있는 글은 내가 블로

그에 올린 글 중에서 은퇴를 준비하는 데 도움이 될 만한 글들을 간추린 것이다.

퇴직은 인생의 끝이 아니다. 진정한 자신의 꿈을 실현할 수 있는 좋은 기회이다. 그렇게 되기 위해서는 먼저 몇 가지 은퇴 준비가 필요하다. 이 책을 읽으며 자신의 은퇴 준비에 대한 계획을 차근차근 세워보길 바란다.

내 주변에는 직장에 다닐 때보다 더 큰 기쁨과 만족을 느끼고 있다는 퇴직자들이 많다. 이 책을 선택한 여러분 역시 그런 느낌을 갖게 되기를 희망한다. 마지막으로 이 책이 나오기까지 함께 고민하며 힘이 되어 준 출판사의 권성용 대리와 한지은 편집자에게 고마운 마음을 전하고 싶다.

백만기

CONTENTS

언제까지
일만 할 것인가?

어느 날 디오게네스의 친구가
그를 찾아가 충고했다.
"자네가 귀족들에게 조금만 아첨할 수
있다면 그렇게 콩깍지만 먹고 살지
않아도 될 텐데……."
그러자 디오게네스가 오히려
친구에게 충고했다.
"자네가 콩깍지만 먹고 살 수 있다면
그렇게 귀족들에게 아첨하며
살지 않아도 될
텐데……."

마흔, 은퇴하기로 결심하다

우리나라 경제가 가파른 성장세를 타고 있던 1977년 겨울, 대학을 졸업한 나는 금융회사에서 첫 사회생활을 시작했다. 대한민국의 샐러리맨이라면 누구나 그렇듯 정신없이 앞만 보고 달려도 삶은 그리 녹록지 않았다. 밀려드는 업무 외에 다른 무언가를 생각할 여유는 없었고, 그저 직장과 가정을 쳇바퀴 돌듯 오갔다. 그러다 어느새 마흔이 되었다. 열정과 희망으로 들끓던 청춘은 간데없고 벌써 마흔이 되었다는 생각이 들자 일순간 알 수 없는 허무가 밀려들었다.

'언제까지 직장생활을 해야 할까? 아니, 언제까지 할 수 있을까?'

수많은 의문이 머릿속에 맴돌았다. 그렇게 한동안 깊은 고민을 하다가 나는 50세에 은퇴를 하기로 결심했다.

한 번뿐인 삶을 일만 하며 보낼 수는 없다. 50세까지만 직장생활을 하고 그 이후에는 내가 좋아하는 일을 하자는 결론에 도달한 것이다.

사실 당시에는 은퇴한 이후에 무엇을 할 것인지에 대해서는 딱히 생각해 놓은 게 없었다. 다만 50세를 나만의 정년으로 정했던 것이다. 일단 은퇴 시기는 정했으니 은퇴 후 할 일에 대한 윤곽은 남은 10년간 은퇴 준비를 하면서 자연스럽게 드러날 것이라고 마음을 가다듬었다. 그리고 우선 재정적 자립을 위해 돈을 모아야겠다고 생각했다. 그래서 불필요한 지출을 최대한 줄이고, 검소한 생활을 하며 열심히 저축을 했다.

그렇게 10년이 흘러 50세가 되었다. 10년을 계획해온 은퇴였지만 실천하기는 생각만큼 쉽지 않았다. 아이들이 아직 대학에 다니고 있었고, 나 자신도 은퇴 준비가 미흡했다. 그렇게 또 3년이 지나갔다. 더는 미룰 수 없다는 생각에 나는 사표를 제출했다. 경제적으로 여유가 있었던 건 아니지만 검소한 생활을 하면 밥은 먹고 살 것 같았다.

혹자들은 은퇴자금으로 7억~10억 원은 필요하다고 하여 공연히 사람 주눅 들게 하는데, 그건 금융회사에서 자신들의 금융상품을 팔기 위해 만들어낸 이야기일 뿐이다. 은퇴 이후 부부의 생활비를 200만 원으로 예상하면 목돈이 그 정도는 있어야 한다는 게 그들의 주장이지만 목돈을 마련하기보다는 생활비에 상당하는 현금 흐름을 창출하면 된다. 은퇴 시까지 경제활동을 한 사람이라면 국민연금과 주택연금으로 어느 정도의 현금 흐름을 만들수 있다. 나 같은 경우 직장생활 중에 차근차근 준비해 놓은 연금들이 은퇴 후 생활에 큰 도움이 되고 있다. 은퇴 생활에 있어서 이런 안정적인 자금 확보 못지않게 중요한 것이 바로 은퇴 후에 무엇을 하고 싶은지를 찾는 것이다.

나는 국립암센터에서 6개월간 호스피스 교육을 받은 적이 있다. 당시를 회상해 보면, 임종을 앞둔 사람들이 후회하는 것은 더 많은 돈을 버는 것도, 더 크게 성공하는 것도 아니었다. 그저 바쁘게 돌아가는 현실에 떠밀려 다음에 해야지 하고 미뤄두었던 소소한 꿈과 바람들이었다. 어쩌면 은퇴는 일에서 손을 놓는 게 아니고 미뤄두었던 도전을 시작할 수 있는 좋은 기회라는 생각이 든다.

그렇다면 내가 진짜 원하는 삶은 무엇일까? 나는 엘리자베스 퀴블러 로스와 데이비드 케슬러의 『인생 수업』에서 그 해답으로 가는 길을 찾을 수 있었다. 호스피스 운동의 대모로 불리는 퀴블러 로스는 유작인 『인생 수업』에서 우리가 이 세상에 남아 있을 시간이 그리 길지 않다는 것을 일깨워 주며, 하고 싶은 일을 기약 없이 미루지 말라는 교훈을 남겼다.

사실 나는 빡빡한 직장생활을 하면서도 틈틈이 시간을 내어 평소 좋아하는 미술 전시회에 다니곤 했다. 그렇게 전시회에 다닌 게 어림잡아 1천 번이 넘었다. 퇴근 후에는 대학원에서 미술이론과 미술사를 공부하기도 했다. 그러나 직장생활을 병행하며 좋아하는 일을 하기에는 한계가 있었다. 그래서 나는 은퇴 후 한동안 국립현대미술관 도서관을 다니며 평소에 하고 싶었던 미술공부를 계속했다.

그런데 미술공부를 하면서도 아울러 내가 살고 있는 지역사회에 기여할 것은 없을까 하는 생각이 들기 시작했다. 때마침 지역 라디오 방송인 분당FM에서 진행자를 모집한다는 광고가 눈에 띄었다. 방송경험은 없었지만 대학 다닐 때 학비를 버느라고 음악 다방에서 DJ를 한 경력이 있어서 무사히 진행자로 뽑혔다. 라디오 DJ를 하면서 지역주민들의 소소한 일상을 들려주기도 하고, 시각장애인들을 위해 책을 읽어주는 프로그램도 진행했다. 이 일을 계기로 시각장애인을 위한 봉사에도 관심을 갖게 되었다.

그리고 어느 날 우연히 보도를 통해 영국의 U3A라는 시니어대학의 존재를 알게 되었다. U3A란 University of The 3rd Age의 약자로 은퇴한 시니어들을 위한 대학이다. 노후에 무엇을 하며 지낼 것인가는 많은 은퇴자들의 고민이다. 이곳에서는 은퇴자들이 자기가 지닌 지식을 다른 사람에게 가르쳐주고, 자신은 또 다른 사람에게 배울 수가 있다. 이것이 바로 U3A의 교육원리이다. 런던에 있는 U3A의 경우 140개 강의가 개설되어 있고, 수강생이 1,600명에 달한다. 또한 상근하는 교직원 4명을 포함해 강의하는 교수들 모두 자원봉사자들이다. 내가 아는 것을 가르치고 내가 모르는 것은 남들에게 배운다는 것이다. 얼마나 단순하지만 멋진 생각인가.

나는 내가 평생 해야 할 일을 찾았다고 생각했다. 그리고 우리

지역에 한국판 U3A를 세우기로 결심했다. 먼저 학교사무국 역할을 할 장소로 분당에 있는 29평짜리 오피스텔을 매입했다. 우선은 이곳을 활용하여 강좌를 열고 점차 과목을 확대해 나갈 예정이다. 1주 1회 강의를 연다면 이곳에서도 20여 개의 강좌를 개설할 수 있다. 또한 하우스 콘서트와 같은 작은 음악회를 열거나 아마추어 화가의 그림을 전시하는 공간으로도 이용할 것이다. 시니어들이 서로 가르치고 배우는 모습을 상상해 보는 것만으로도 행복해진다.

노인 한 명이 죽으면 도서관 하나가 불타는 것과 같다는 이야기가 있다. 한국판 U3A, '아름다운인생학교'가 오랜 경험을 통해 얻은 지혜를 서로 나누는 소중한 공간이 될 수 있기를 바란다.

나이 50, 지천명을 맞이한 분들께

나이 50. 하늘의 뜻을 안다는 지천명(知天命)의 나이까지 살아오는 것이 누구에게든 쉽지만은 않았을 것이다. 지금 나이가 딱 50세라면 이는 베이비부머 세대의 막내에 해당한다. 어느새 그들도 은퇴를 생각해야 할 나이가 되었다.

독일 작가 홀거 라이너스의 『남자 나이 50』이라는 책을 보면 50세를 '정상에 오른 나이'라고 표현하고 있다. 어느 조직에서 정상에 올랐다는 것이 아니라 그동안 자신이 올라온 길이 내려다보이고 또 앞으로 가야 할 길이 보인다는 의미에서 정상에 올랐다는 것이다. 이 나이가 되면 그동안 자신이 올라온 길을 되돌아보며 어떤 시행착오를 겪었는지도 알 수 있고, 내려가야 할 길을 바라보며 앞으로 어떻게 살아야 할 것인가에 대한 생각을 자연스럽게 정리할 수 있게 된다.

아마도 앞으로 남은 세월은 지금까지 지내온 것보다 훨씬 더 빨리 지나가게 될 것이다. 우리보다 먼저 생을 살았던 사람들이 공통적으로 한 이야기이니 틀림없을 것이다. 그렇다면 과연 앞으로 남은 생을 어떻게 살아야 할까? 어느 날 독서클럽 친구들과 만났을 때 '남은 생에서 필요한 게 과연 무엇일까?'라는 주제로 서로 이야기를 나누어 보니 크게 다섯 가지로 정리가 되었다.

첫째, 건강이다. 돈을 잃으면 조금 잃는 것이고, 명예를 잃으면 절반을 잃는 것이며, 건강을 잃으면 전부를 잃는다는 말에서 보듯 건강은 그 중요성을 거듭 강조해도 지나치지 않다. 50대가 되면 남녀를 떠나 모두 몸이 예전 같지 않다는 것을 느끼게 된다. 의사들은 50대에 건강관리를 어떻게 하느냐에 따라 노년의 삶의 질이 달라진다고 말한다. 최근 의학의 발달로 평균수명이 급격히 늘어났다. 그러나 다른 사람의 도움 없이 혼자 생활할 수 있는 건강수명은 그리 길지 않다. 한국인의 평균수명은 80세이지만 건강수명은 71세에 불과하다. 즉, 적어도 9년은 누군가의 도움에 의지해 살아야 한다는 것이다. 이렇게 삶의 질이 떨어진다면 오래 사는 게 결코 행복할 수만은 없다. 길어진 평균수명보다 더 중요한 것이 바로 건강수명이다. 건강수명을 늘리기 위해서라도 평소 철저한 자기 관리를 잊지 말아야 한다.

둘째, 배우자다. 최근 우리나라에서는 황혼이혼이 급격하게 늘고 있다. 이웃나라 일본은 이미 겪은 사회적 현상이다. 그동안 가부장제에서 억눌려 살았던 여성들이 더 이상 그렇게 살지 않겠다고 분연히 일어난 것이다. 사실 부부관계의 악화는 대부분 상대방에게만 무언가를 바라는 이기적인 태도에서 시작된다. 동서고금을 막론하고 인간관계에 있어서 공감하는 진리는 '자신이 바라는 바를 상대에게 베풀라'라는 것이다. 부부는 어느 한편이 이익을 보면 다른 한편은 손해를 보는 그런 사이가 아니다. 둘 다 이익을 보는 관계다. 따라서 불편하다고 갈라설 것이 아니라, 불편한 것은 개선을 하고 가급적 좋은 쪽으로 생각을 바꾸는 지혜가 필요하다. 흔히 사람들은 좋았던 과거는 생각하지 않고 좋지 않았던 과거를 기억하며 우울하게 보내는 경우가 많다. 발상을 전환해 보자. 좋았던 과거를 떠올려 보는 것이다. 그러면 상대에게 감사하는 마음이 생길 것이다. 서로를 이해하고 존중하는 건강한 부부관계는 행복한 노후를 위한 필수요건이다.

셋째, 적당한 재산이다. 적당하다는 것은 다분히 주관적이라 딱히 어느 정도라고 정할 수는 없다. 다만 개개인이 자신의 기준에서 이 정도면 별다른 걱정 없이 노후를 보낼 수 있겠다 싶을 만큼의 재산을 가지고 있다면 분명 큰 힘이 될 것이다. 부자라고 해서다 행복한 건 아니지만 먹고살기가 힘들다면 결코 행복할 수 없기 때문이다. 혹시라도 은퇴 후에 큰 질병에 걸리기라도 한다면 목돈이 필요하다. 이때 여윳돈이 없으면 최악의 경우 치료를 못해 삶을 포기해야 하는 일이 발생할 수도 있다. 돈을 버는 것 못지않게 중요한 것이 돈을 모으는 일이고, 돈을 모으는 것보다 더 중요한 것이 돈을 쓰는 일이다. 아무리 돈을 많이 벌어도 씀씀이가 그보다 크면 그 사람을 부자라고 할 수는 없을 것이다. 씀씀이를 줄이면 그만큼 더 자유로울 수 있다. 그리스의 철학자 디오게네스에 관한 유명한 일화가 있다.

어느 날 디오게네스의 친구가 그를 찾아가 충고했다.
"자네가 귀족들에게 조금만 아첨할 수 있다면 그렇게 콩깍지만 먹고 살지 않아도 될 텐데……."
그러자 디오게네스가 오히려 친구에게 충고했다.
"자네가 콩깍지만 먹고 살 수 있다면 그렇게 귀족들에게 아첨하며 살지 않아도 될 텐데……."

자신의 소비수준을 낮추어 검소한 생활을 하겠다고 작정을 하면 금융회사에서 주장하는 것처럼 노후 자금이 그리 많이 필요한 것도 아니다.

넷째, 할 일이 있어야 한다. 19세기 폴란드 시인 노르비트는 행복한 인생을 살기 위해서는 먹고사는 일, 의미 있는 일, 목숨을 바칠 정도로 재미있는 일이 있어야 한다고 했다. 그는 이 세 가지 중에 하나가 부족하면 삶이 드라마가 되고, 둘이 부족하면 비극이 된다고 했다. 세 가지 일이 균형을 이루는 삶이 진정 행복한 삶이라는 것이다. 흔히 은퇴를 하면 모든 일을 손에서 놓는다고 생각하지만 사실 할 일이 있다는 것은 우리의 생명을 연장해주는 힘이 되기도 한다. 그러니 활기찬 일상을 위해 은퇴 후 인생에서도 일은 꼭 필요하다. 그러나 은퇴 전처럼 돈을 벌기 위해서 하는 일이 아닌 자신이 좋아하는 일을 찾을 것을 권하고 싶다. 그동안 돈을 버느라고 뒷전으로 미뤄두었던 정말 하고 싶었던 일이 얼마나 많았겠는가? 은퇴는 그런 일을 할 수 있는 좋은 기회가 될 것이다.

마지막으로 필요한 것은 바로 친구이다. 가족이 있지만 관심사가 다르고, 자녀와는 세대차가 있고, 배우자와는 성별이 달라 이해하지 못하는 부분이 있을 수 있다. 그럴 때 찾게 되는 것이 친구이다. 사회생활을 하면 꽤 많은 인적 네트워크를 형성하고 있는 것 같지만 그런 관계는 은퇴를 하고 나면 만남의 횟수가 줄어들어 끊어지기 십상이다. 이럴 때 권하고 싶은 것이 바로 새로운 취미를 배우는 일이다. 취미를 즐기다 보면 동호회를 알게 되고 새로운 사람들과 관계를 맺게 된다. 이렇게 시작된 인간관계는 사회생활을 할 때처럼 이해관계를 바탕으로 한 게 아니기 때문에 비교적 오래 갈 수 있고, 취미를 공유하기에 쉽게 가까워질 수 있다. 물론 친구가 많다고 해서 좋은 것만은 아니다. 그저 자기의 속마음을 털어놓을 수 있는 친구 한두 명만 있어도 괜찮다. 나에게는 가치관이나 성향이 다른 친구가 한 명 있다. 자주 만나지는 못하지만 그 친구와 같은 하늘 아래 숨을 쉬고 있다는 것만 생각해도 위로가 될 때가 있다. 우리가 살아가는 데는 그저 알고 지내는 수십 명의 친구보다 이런 친구 한 명이 더 소중하다.

남은 인생에서 필요한 것으로 이 다섯 가지 외에도 어떤 사람은 종교를, 또 어떤 사람은 자식을 꼽기도 한다. 물론 사람마다 중요하게 여기는 가치관이 제각각이니 행복의 조건도 다 다를 것이다. 지금이라도 자신이 중요하다고 생각하는 것들을 손꼽아 정리해 본다면 은퇴 후 시작될 남은 인생을 설계하는 데 큰 도움이 될 것이다.

은퇴 준비에 앞서

의사들의 말에 따르면 암을 치유하기가 어려운 건 사람마다 유전자가 다르기 때문이라고 한다. 어떤 사람에겐 잘 듣던 약이 다른 사람에겐 잘 듣지 않는 것이다. 은퇴를 준비하는 것도 마찬가지이다. 사람마다 자라 온 환경, 생활방식, 그리고 가치관이 다르기 때문에 딱히 은퇴 준비는 이렇게 해야만 한다며 일률적으로 이야기할 수는 없는 것이다.

어떤 사람은 은퇴 후에도 사람들과의 관계를 유지하며 모임에 능동적으로 참여하라고 주장하지만, 또 어떤 사람은 오히려 은퇴 후에 혼자 있는 연습을 하라고 이야기한다. 혼자 있을 때만이 비로소 자신과의 대화가 가능하고, 이러한 과정을 통해 어떻게 살 것인가에 대한 생각을 키우게 된다는 것이다. 사실 이것은 누가 옳고 그르고의 문제는 아니다. 사람마다 은퇴 후 삶을 바라보는 시각이 다를 뿐이다. 결국 은퇴 설계는 자신과 환경이 비슷하거나 가치관이 비슷한 사람의 사례를 참고하는 것이 가장 좋은 방법이다.

어느 날 여성잡지사의 기자가 내가 운영하고 있는 '아름다운인 생학교'에 찾아왔다. 은퇴 후 인생에 관한 특집기사를 준비하고 있다며 인터뷰를 청해 온 것이다. 당시 인터뷰에 응했던 사람은 나를 포함해 유시민 전 국회의원, 이근후 이화여자대학교 명예교 수, 김종대 전 헌법재판관, 송재익 전 아나운서까지 모두 5명이었 다. 서로 다른 이력을 가진 사람들이었지만 은퇴 후 인생에 대해 서만큼은 같은 이야기를 했다. 원하는 것을 재미있게 즐기고 보 람찬 삶을 누리라는 것이다.

인터뷰 내용을 잠깐 살펴보자.

유시민 전 국회의원

"이제부터라도, 해야 하는 일보다 하고 싶은 일을 하면서 살 겠다."

그가 하고 싶은 일이란 책을 읽고 글을 쓰면서 지식과 정보를 나누는 것이었다. 사실 유시민 전 의원은 정치인 시절 남의 시 선을 의식하지 않는 소신 발언으로 유명했다. 그런 그도 해야 하는 일에 떠밀려 온전히 자신만을 위한 삶을 살 수는 없었던 것이다. 어쩌면 은퇴 후 인생은 오직 자신이 원하는 일을 맘껏 할 수 있는 '제2의 황금기' 아닐까?

이근후 이화여자대학교 명예교수

"명예보단 즐거움, 책임보단 재미!"

정신과 전문의로 유명한 이근후 이화여자대학교 명예교수는 은퇴 후 아내와 함께 사단법인 가족아카데미아를 설립하여 노년을 위한 생애준비교육 활동을 펼치고 있다. 그는 삶의 정답을 알려달라며 찾아오는 사람들에게 '죽을 때까지 재미있게 살라'는 처방을 내린다. 기자가 요즘 가장 재미있는 일이 무엇이냐고 묻자 그는 컴퓨터를 갖고 노는 일이라고 대답했다. 사실 사는 게 뭐 그렇게 재미있겠는가. 그저 될 수 있으면 삶 속에서 재미있는 일을 찾으려고 노력하는 것이지. 이근후 교수는 나이 들어 좋은 건 하나도 없는데 딱 하나 좋은 점이 있다면 경쟁을 하거나 누구에게 칭찬을 들으려고 노력할 필요가 없는 것이라고 말했다. 그래서 그는 은퇴 후에는 명예보단 즐거움, 책임보단 재미를 선택하면서 살기로 했다. 이건 어쩌면 평생을 책임감 있게 최선을 다해 살아온 사람만이 누릴 수 있는 여유일지도…….

김종대 전 헌법재판관

"내 경험과 지식은 사회를 위해서……."
김종대 전 헌법재판관은 전관예우를 받을 수 있는 변호사라는 보장된 길을 택하지 않고 자신의 경험과 지식을 사회를 위해 쓰겠다는 행보를 보이고 있어서 주목받고 있다. 이것은 은퇴한 사회지도층의 매우 모범적인 사례라고 할 수 있다.

송재익 _{전 아나운서}

"편하거나, 즐겁거나 둘 중 하나."

축구해설가이기도 한 송재익 전 아나운서가 은퇴 후 선택한 것은 아내와 함께 전원생활을 하는 것이었다. 캠핑에도 관심을 갖고 있던 그는 2007년 캠핑카를 직접 구입해 전원생활과 함께 자유로운 캠핑을 맘껏 즐기고 있다. 이렇게 은퇴 후 바라던 것을 실행하기 위해서는 다소 과감한 투자도 불사하는 결단이 필요하다. 사실 일부 은퇴한 사람들 중에는 경제적 여유가 있는데도 불구하고 자신을 위한 투자에는 무척이나 인색한 경우가 많다. 모은 돈을 자식에게 물려줄 생각을 하기보다는 더 늦기 전에 자신을 위한 투자를 하는 것이 필요하다. 송재익 전 아나운서는 자신의 삶에서 가장 중요하게 생각하는 가치를 묻는 기자에게 이렇게 대답했다.

"저는 두 가지 중 하나만 채우면 됩니다. 편하거나 아니면 즐겁거나. 불편하더라도 즐거우면 되고, 즐겁지 않아도 몸이 편하면 족합니다."

그리고 그는 아직 기운이 남아 있으니까 편한 것보다는 즐기는 게 좋겠다는 생각에 캠핑을 선택했다고 한다.

나

기자는 내게 아름다운인생학교의 설립취지에 대해 물었다. 사실 아름다운인생학교를 설립한 배경은 앞서 인터뷰한 분들의 생각과 흡사하다. 시니어들은 인생에서 얻은 지혜를 남들에게 전해주고 싶어 하는데 그런 공간이 주위에 마땅히 없어 그것을 현실로 옮긴 것이다. 기자는 또 삶에서 가장 중요하게 생각하는 가치가 무엇이냐고 물었다. 나는 "몰입"이라고 답했다. 사람들은 몰입을 했다가 거기서 빠져나올 때 행복을 느낀다. 외과의사가 10시간이 넘는 수술을 성공리에 마치고 나온 다음 손을 씻을 때의 기분, 험한 암벽 등반을 마치고 비로소 땅에 발을 내디딜 때의 그 느낌. 그 순간이 아마 그들의 삶에서 가장 행복한 타이밍일 것이다. 그걸 느끼는 게 중요하다.

사실 인터뷰 기사를 읽어 보면 5명 모두가 은퇴 전에는 해야만 하는 일을 했다면 은퇴 후에는 오로지 내가 원하는 일을 하겠다고 이야기한다. 아마도 이것은 모든 은퇴자들이 갖고 있는 생각일 것이다. 그런데 문제는 많은 사람들이 자신이 무엇을 원하는지 잘 모른다는 것이다. 나는 은퇴를 준비하는 사람들에게 은퇴를 준비하기에 앞서 먼저 자신이 무엇을 원하는지 깊이 생각해 볼 것을 권하고 싶다. 자신이 원하는 것을 알게 된다면 그다음부터는 좀 더 쉽게 은퇴 준비를 할 수 있을 것이다.

지금 하고 있는 일을 좋아하는 지혜

대학 졸업 후 근무했던 소위 단자회사라고 불리는 투자금융회사는 당시 서울에 7개밖에 없었다. 단자회사라고 하면 생소한 분들도 있겠지만 사실 하나은행의 전신이 바로 단자회사였던 한국투자금융이다. 그때는 금융 수요가 항상 공급을 초과해 금융회사들이 호황을 누렸는데, 단자회사의 수익이 높다는 소문이 나자 새로 들어선 정부에서도 몇몇 기업에 단자회사 신설을 허가했다. 그 후 기존 회사에 있던 많은 사람들이 신설 회사로 이직했다.

나도 그때 새로 설립된 회사의 총무과장으로 전직하며 인사를 담당하게 되었다. 여기저기서 뽑은 경력직원들의 호봉 부여 작업을 위해 시청 앞의 호텔방을 빌려 야근을 하던 기억이 지금도 생생하다. 그리고 그 직장에서 퇴직할 때도 우연히 인사업무를 맡게 되었다.

인사부장으로 재직하던 시절, 외부에서 새로운 사장이 영입되었다. 어느 날 사장이 조용히 나를 부르더니 인력 구조조정을 해야겠다는 말을 꺼냈다. 기업들의 자금 조달 방법이 다양해져 금융의존도가 전보다 낮아졌고, 파이는 한정되어 있는데 금융회사의 수가 많다 보니 금융업의 수익이 점점 나빠지고 있었기 때문이다.

지금도 그렇지만 금융회사가 비교적 안정된 직장이다 보니 간부직원의 수가 상대적으로 많은 편이다. 인력 구조조정이라는 것은 한마디로 상위 직급에 있는 사람들을 내보내는 작업이다. 당사자의 입장에선 안 된 일이지만 회사를 운영하는 경영자의 입장에서는 그렇게 해서라도 인건비를 절약하고 조직에 활력을 불어넣고 싶었을 것이다.

당시 사장을 비롯하여 몇몇 사람이 회의를 거듭한 끝에 구조조정 대상자 리스트가 만들어졌다. 그들을 설득하고 사표를 받는 일이 나의 역할이었다. 리스트에 있는 대상자들 대부분이 과거 나의 부하직원이었다. 예상은 했지만 반발이 생각보다 심했다. 직원들의 사표를 받는 인사 구조조정이 거의 마무리되었을 때 나도 사표를 냈다. 구조조정을 진행하는 나도 그만큼 힘이 들었기 때문이다. 사장은 왜 당신이 사표를 내냐며 만류했지만 인력 구조조정을 담당했던 내가 그대로 근무하는 것은 마음이 편치 않았다.

사표를 낸 후 얼마 되지 않아서 IMF사태가 우리나라를 급습했다. IMF사태는 우리 사회 전반을 뒤흔들었다. 대부분의 회사들이 살아남기 위해서 대규모 구조조정을 단행해 조직을 축소했다. 그럼에도 불구하고 많은 회사들이 문을 닫았다. 내가 근무하던 금융회사도 거기에 포함됐다. 그때 사표를 쓰지 않았더라도 어차피 회사를 그만두어야 했던 것이다. 당시는 채 50세가 되지 않았을 때라 어떻게든 직장생활을 더 해야 했다. 회사를 그만두었을 때만 하더라도 막연히 새로운 자리를 바로 찾을 수 있을 거라고 생각했는데 IMF사태로 인해 자리를 구하기가 쉽지 않았다. 기업들 모두 사람을 내보내려고만 했지 새로 사람을 채용하려는 곳이 없었기 때문이다.

노력해서 될 일이 아니라는 걸 알고 나는 느긋하게 대처하기로 마음을 먹었다. 그리고 평소 하고 싶었던 공부나 해야겠다는 생각에 모 대학교 예술대학원의 박물관미술관학 과정에 입학했다. 학생 중 나이가 제일 많았음은 물론이다. 오랜만에 학교로 돌아와 젊은 학생들의 얘기를 듣는 것도 좋았다. 그러던 어느 날 평소 알고 지내는 지인으로부터 연락이 왔다. 지금 무슨 일을 하냐고 묻기에 학교를 다니며 소일하고 있다고 답했다. 그랬더니 가까운 시일 내에 이력서를 갖고 들르라고 했다. 며칠 후 그분을 찾았다. 회사에서 감사직을 수행할 임원을 하나 뽑는다고 했다. 그분의 추천으로 그룹의 회장과 인터뷰를 했다. 얼마 후 회사로 출근하라는 소식이 왔다. 이전 회사를 그만둔 지 7개월 만이었다. 새로 들어간 회사에서 임원으로 5년을 봉직했다. 돌이켜보면 내게 일할 기회를 준 모든 분들이 참으로 고맙다.

얼마 전 온라인취업포털 사람인에서 직장인 2,600여 명을 대상으로 설문조사를 해 보니 국내 직장인의 4명 중 3명이 이직을 준비하고 있다고 한다. 이렇게 많은 사람들이 이직을 생각하고 있나 싶어 솔직히 놀라웠다. 하지만 나는 그냥 다니고 있는 회사에서 자기의 역량을 발휘할 것을 권한다. 남의 떡이 커 보인다는 말이 있다. 회사를 옮긴다고 해서 전의 회사보다 크게 나을 것도 없다. 차라리 지금 몸담고 있는 회사에서 열심히 일하는 편이 훨씬 낫다.

내 직장생활을 돌이켜보면 회사에서 자신이 좋아하는 일을 찾기보다는 지금 하고 있는 일을 좋아하는 지혜가 필요할 것 같다. 어떤 일이 좋아 보여도 막상 그 일을 맡아 보면 기대만큼은 아니라는 것을 느끼게 될 것이다.

직장생활을 할 때 그룹 고문변호사실에서 일하던 젊은 변호사가 있었다. 요즘 인기가 시들하다고는 하지만 변호사는 아직도 많은 사람이 선망하는 직업이다. 하지만 당사자는 그렇게 생각하지 않았다. 나하고는 회사를 상대로 한 소송 때문에 가끔 만나곤 했는데 어느 날 그가 변호사도 못할 짓인 것 같다며 좀 더 재미있는 일을 하고 싶다는 말을 꺼냈다. 그도 자신의 직업에 만족하지 못한 것이다.

하기 싫다고 생각하면 점점 더 스트레스를 받는 게 회사 일이다. 그러니 가급적 긍정적으로 생각했으면 한다. 자신의 일을 좋아하다 보면 그런 대로 할 만한 게 또 직장생활이다. 아직 취직을 하지 못한 많은 사람들이 그 회사에서 일하고 싶어 한다는 사실을 잊어서는 안 된다. 꼭 전직을 하고 싶다면 지금 근무하고 있는 회사에서 좋은 평을 받도록 먼저 노력해야 한다. 그래야만 좋은 조건으로 다른 회사로 옮길 수 있다. 어쩌면 그렇게 노력하는 와중에 자신의 회사가 다시 좋아질지도 모를 일이다. 그때 전직을 생각해도 늦지 않다.

은퇴란 직업을 바꾸는 일

뒤늦게 의사가 되고 싶어 하는 남자가 있었다. 의대 입학을 준비하던 사내는 깊은 고민에 빠졌다. 의대에 진학한다 해도 6년이란 시간이 지나야 의사가 될 수 있다는 사실이 문제였던 것이다. 하루는 남자가 한 친구에게 물었다.

"지금부터 6년 후면 난 마흔네 살이 돼! 너무 늦지 않을까?"

"늦는다고? 의대를 다니지 않는다 해도 6년이 지나면 자넨 결국 마흔네 살이 될 텐데?"

남자는 친구의 대답을 듣는 순간 망설임 없이 학교로 달려가 입학 서류를 냈다.

이것은 요즘 읽고 있는 책에 나오는 글이다. 이 글을 읽다 보니 문득 오래전 일이 떠올랐다. 나도 사회생활을 하면서 한편으로는 이 일보다는 대학 때 건축학을 전공해 건축가가 되었더라면 어땠을까라는 아쉬움이 들었다. 그래서 당시 건축가로 활동하고 있는 친구 두 명에게 물었다. 먼저 A에게 물었다.

"지금부터 건축을 공부해도 괜찮을까?"

"네가 지금 몇 살이냐? 건축을 공부하려면 10년은 걸리는데 지금 시작하기엔 너무 늦지 않았니?"

"그래 맞아."

그렇게 대답은 했지만 왠지 좀 서운한 마음이 들었다. 하지만 B라는 친구에게 같은 질문을 했더니 전혀 다른 대답이 돌아왔다.

"할 수 있지. 네가 기본 계획을 세우고 디테일한 설계는 젊은 건축가를 시키면 되지."

"그래, 그럼 되겠네!"

그 대답을 듣고 나는 속으로 쾌재를 불렀다. 사실 우리도 경험하고 있지만 전공은 그리 중요하지 않다. 전공과는 별개로 그 분야에 얼마나 열정을 갖고 공부하느냐가 중요한 것이다. 아직도 나는 작지만 건축사에 남을 만한, 그런 건물을 하나 짓고 싶다는 꿈을 갖고 있다.

최근 우리 사회에선 은퇴 이후의 삶에 관한 이야기가 화제가 되고 있다. 그러나 은퇴한 많은 사람들이 생산적인 일을 하기보단 그저 막연히 시간만 보내는 경우가 적지 않다. 은퇴를 했다고 해도 앞으로 살날이 수십 년인데 그냥 허송세월을 한다는 것은 무척 안타까운 일이다. 어쩌면 은퇴는 자기가 원하던 일로 직업을 바꿀 수 있는 좋은 기회이기도 하다. 그런 의미에서 은퇴 대신 인생 재창출(Life Recreation)이란 용어를 쓰자는 사람도 있다.

19세기 일본의 판화가 가쓰시카 호쿠사이는 89세까지 장수를 누렸다. 80세가 되었을 때 그는 "70세 이후에야 비로소 내 그림이 나아졌다"라고 했다. 스스로 70세 이전의 작품은 별로 가치가 없다고 생각한 것이다. 그리고 죽음을 앞두고는 "5년만 더 살 수 있다면 진정한 작품을 만들 텐데……"라며 아쉬워했다. 열정적인 삶을 사는 데 나이는 별다른 문제가 되지 않는다. 한때 유행했던 '나이는 숫자에 불과하다'는 말처럼 삶에 대한 열정적인 태도는 젊고 늙음이 따로 없을 것이다.

　　물론 일을 더 하고 싶어도 단지 나이가 들었다는 이유로 사회에서 내몰리는 경우가 많다. 오래전 지인의 소개로 정신과 의사인 L 박사를 만날 기회가 있다. 이런저런 이야기를 나누다가 독서에 관한 화제에 이르렀는데 그분은 1주일에 5권 정도의 책을 읽는다고 했다. 나보다 연배가 훨씬 높으신데도 불구하고 학문에 대한 열정이 대단한 분이었다. 그분은 의대 교수 정년퇴임을 앞두고 총장에게 다음과 같은 편지를 보냈다고 한다.

　　"총장님, 저는 정년퇴임식에 참석하지 못합니다. 퇴임 축하란 말도 어쩐지 듣기 거북하고, 무엇보다 후배와 동료들이 모인 자리에서 나이가 많다는 이유 하나로 물러나야 하는 제 뒷모습을 보이고 싶지 않습니다. 이참에 드리고 싶은 말씀은 이제 대학 사회에서라도 정년에 대한 논의를 진지하게 해 볼 때가 아닌가 하는 생각이 듭니다. 65세의 정년퇴직은 일반 직장보다 길기는 하지만 교수에 따라 그 실력을 그대로 사장하기가 아까운 경우도 있습니다. 시원찮은 교수라면 그전에라도 나가야 하겠지만 말입니다."

언뜻 들으면 자신감을 넘어서 거만하게까지 들릴 수도 있는 이야기이다. 그러나 아직 충분히 활동할 수 있다는 자신감이 남아 있는 나이에 현직에서 물러나야 했던 교수의 아쉬움이 더 진하게 와 닿았다. 그분은 이제 곧 팔순을 바라보는 나이지만 여전히 활발한 대외활동을 하고 있다.

이와 반대로 고작 나이 50에 다 늙었다는 듯이 삶의 희망을 포기하는 사람도 있다. 그런 모습을 볼 때면 요즘 사람들이 부쩍 정신력이 약해진 것 아닌가 싶다. 젊어서 몸 관리를 잘하면 나중에 나이 들어 삶의 질을 높일 수 있는 것처럼 모든 것은 꾸준한 준비가 필요하다. 평소 직장생활을 하면서 업무수행에 필요한 지식뿐만 아니라 앞으로 하고 싶은 분야에 대해 꾸준히 준비한다면 퇴직 후에 무엇을 해야 할지 몰라 방황하는 일은 없을 것이다.

은퇴 후 창업, 좋아하거나 잘하거나

하루는 아내가 친구를 만나고 오더니 가방에서 유제품을 한 보따리 꺼내 놓았다. 웬 거냐고 물으니 남편이 유제품 대리점을 하는 친구의 집에서 모임을 한 후 받아왔다는 것이다. 그때는 '고마운 사람이구나'라고 생각하며 무심히 지나쳤다. 그런데 최근 기사를 보고서야 그 자세한 사정을 알게 되었다.

최근 공정거래위원회는 N유업이 대리점에 유통기한이 끝나가는 제품을 판매하도록 강제 할당했다고 발표했다. 공정위 조사를 보면 N유업은 26개 유제품을 대리점들에 강제 할당하면서 유통기한이 하루밖에 남지 않은 재고품까지 떠넘겼다. 대리점들은 억지로 할당받은 재고품을 친척에게 돌리거나 떨이 시장에 헐값에 처분할 수밖에 없었는데 아내가 받았던 유제품들도 알고 보니 이런 제품이었던 것이다.

우리 사회엔 N유업 외에도 본사의 횡포에 시달리는 대리점, 프랜차이즈 가맹점, 하도급 업체들이 한둘이 아니다. 얼마 전 은퇴자들의 모임에 참석했다. 그런데 그중 한 분이 은퇴 후 프랜차이즈 가맹점을 운영한 경험이 있었다. 그는 프랜차이즈 가맹점을 절대로 하지 말라고 조언했다. 바로 N유업과 같은 본사의 횡포가 있었던 것이다.

전우익의 『혼자만 잘 살믄 무슨 재민겨』라는 책을 읽은 적이 있다. 혼자 사는 세상이 아닌 바에야 혼자만 잘 사는 것은 아무런 의미가 없을 것이다. 본사가 갑의 힘을 이용해 대리점이나 하도급 업체의 숨통을 조여 가며 사업을 한다면 시간이 걸린다 해도 결국 그 피해가 다시 그들에게 돌아갈 것이다. 대리점이 무너진 다면 본사도 문을 닫을 수밖에 없기 때문이다. 이제는 그야말로 본사와 대리점이 함께 윈윈 할 수 있는 상생의 지혜가 필요한 것이다.

직장생활을 하다 스트레스를 받을 때면 한번씩 '회사 그만두고 식당이나 해 볼까?' 하는 생각이 들 때가 있을 것이다. 그러나 '식당이나'라는 발상은 정말 위험하다. 식당은 그렇게 아무나 하는 만만한 사업이 결코 아니기 때문이다. 식당을 쉽게 생각하는 사람들이 너도나도 요식업에 진출하다 보니 우리나라는 인구 대비 식당 수가 과포화 상태다.

몇 년 전 통계지만 식당 1곳당 인구수가 미국은 416명, 일본은 140명인데 우리나라는 79명에 불과했다. 이 중에는 외식을 잘 하지 않는 노인과 어린아이까지 포함되어 있다. 식당 1곳당 식수인원이 워낙 적은 것이다. 이런 실정임에도 불구하고 여전히 많은 사람들이 외식 창업을 꿈꾸고 있으며 프랜차이즈 창업도 외식분야가 절대다수를 차지하고 있다. 그래서 지금도 매년 수많은 식당이 개업을 하고, 또 폐업을 하는 악순환이 계속되고 있는 것이다. 요식업의 경우 창업 후 6개월 이내에 20%가 문을 닫거나 개점휴업을 하고, 5년까지 살아남는 식당이 10%에 불과하다. 그만큼 리스크가 큰 사업인 것이다.

요식업을 창업하는 데 드는 비용도 만만치 않다. 가게를 얻고 집기 비품과 식자재를 구입하려면 최소 1억~2억 원이 든다. 이 정도면 은퇴자들이 퇴직금을 전부 투자하거나 빚을 내야 할 정도로 큰 비용이다. 이러한 투자가 실패로 돌아갈 경우 돈을 벌기는커녕 그나마 모아둔 돈을 잃게 되는 것이다. 단지 식당 수가 너무 많기 때문에 요식업으로 성공할 수 없다는 것은 아니다. 어떤 분야든 잘하는 사람과 못하는 사람이 있기 마련이다. 그런데 식당을 창업해선 안 되는 사람들이 아무 생각 없이 뛰어들었다가 예외 없이 얼마 못 가 실패하고 만다. 그럼 어떤 사람들이 식당 창업을 해서는 안 되는 것일까?

민저, 게으른 사람은 식당을 창업해선 안 된다. 식당을 운영하려면 영업시간과 상관없이 새벽부터 저녁까지 부지런히 움직여야 한다.

둘째, 평소 위생관념이 부족한 사람이다. 제 몸 하나 청결하게 하지 않는 사람이 어떻게 그 많은 식자재를 깨끗이 보관하겠는가?

셋째, 남들과 어울리기 싫어하는 사람이다. 음식은 분위기로 먹는다는 말이 있다. 언제나 즐거운 분위기를 연출하기 위한 주인의 노력이 있어야 손님이 찾아온다.

넷째, 숫자에 어두운 사람이다. 식당을 하다 보면 겉으론 남고 속으론 밑진다는 이야기가 있다. 원가관리와 비용관리를 제대로 하지 않으면 힘들여 일을 해도 남 좋은 일만 하게 된다.

다섯째, 가족이 반대하면 식당을 하지 말아야 한다. 종업원이나 아르바이트 학생을 활용할 수도 있지만 그게 그렇게 간단한 일이 아니다. 가족들이 도와주지 않으면 인건비를 감당할 수 없을 것이다.

여섯째, 음식에 정통하지 않으면 창업에 신중해야 한다. 주방장을 구할 수도 있지만 믿었던 주방장의 배신으로 문을 닫는 식당이 꽤 많다.

그렇다면 대체 어떤 사람이 외식업을 창업해서 성공하는 것일까? 지인의 아들 중에 대학입시에 실패하자 군에 입대한 아이가 있었다. 우연히 취사병으로 발탁되어 군 생활의 대부분을 식당에서 보내게 되었다. 그 아이는 제대 후 요식업이 적성에 맞다고 생각해 일본으로 유학을 갔다. 그곳에서 공부를 마치고 돌아와 이름만 대면 알 만한 유명 호텔의 일식당에 입사했다. 만약에 이 아이가 좀 더 경력을 쌓은 후 식당을 창업한다면 어떨까? 직장을 그만둔 후 막연한 생각을 갖고 창업하는 사람보다 훨씬 더 경쟁력이 있을 것이다. 그 결과는 직장을 그만둔 후 아무 준비도 없이 무작정 개업하는 사람과는 비교할 수도 없을 것이다.

은퇴 후에는 무엇보다 자신이 좋아하거나 잘할 수 있는 일을 찾아 창업해야 한다. 만약 퇴직 후에 요식업을 창업하고 싶다면 직장생활을 하는 동안 틈틈이 요리를 배운다거나 집에서 실습을 해 보는 사전 노력이 필요하다. 자신이 만든 음식을 가족이 좋아하거나 지인들의 평이 좋다면 그때 사표를 내도 늦지 않다.

버는 사람보다 모으는 사람이 이긴다

로또 복권이 생기면서 당첨과 관련되어 심심치 않은 얘기가 들려온다. 경제가 어려워지면서 사람들이 복권에 더 관심을 두는 것 같다. 누군들 부자가 되고 싶지 않을까? 부자가 꼭 행복하다고 할 수는 없지만 가난이 역시 불편한 것은 사실이다.

그렇다면 재산을 얼마나 갖고 있어야 부자라고 할 수 있을까? 얼마 전 발표한 조세연구원의 통계를 보면 대한민국 상위 1%의 재산이 평균 22억 원이다. 그중 부동산이 16억 원이고 금융자산을 비롯한 기타 실물자산이 6억 원이다. 또 다른 조사에서는 집이 있으면서 금융자산이 10억 원 이상이면 부자로 분류한다.

그렇다면 부자들은 모두 행복할까? 부자들에게 물었더니 우리의 생각과는 달리 더 많은 행복감을 느끼지는 못하고 있었다. 재산이 행복의 절대적인 척도가 될 수는 없는 것이다. 사실 먹고사는 문제가 어느 정도 해결되고 나면 재산이 늘어난다고 행복지수가 비례해서 높아지지 않는 것은 물론이고 도리어 짐이 될 수도 있다. 과유불급이란 말도 있듯이 지나치면 오히려 모자람만 못한 것이다. 이런 것을 감안하면 우리 사회 전체의 행복지수는 부의 분배가 잘되었을 때 가장 높아질 것이다.

과거 금융기관에 근무하는 동안 부자들을 만날 기회가 많았다. 그때 만난 부자들에게 재산을 모으는 비결이 무엇인지 물었더니 특별한 비결이 없다며 웃기만 했다. 그러지 말고 이야기를 좀 해달라고 재차 조르니 정말 없다고 하면서 그저 돈을 함부로 안 쓰고 저축을 열심히 했다는 대답만 돌아왔다. 사실 그건 누구나 다 아는 이야기이다. 하지만 그것을 실천하면서 사는 것은 쉽지 않다.

어느 책을 보니 부자들은 다음과 같은 특징이 있다고 한다.

1. 가급적 빚을 지지 않으며 빚이 있더라도 총자산의 10% 이내이다.
2. 투자와 관련해서 조언을 많이 구하는 편이다.
3. 부지런하다(기상시간이 거의 5~6시).
4. 공부를 열심히 한다(공부를 잘한 것과는 다르다).
5. 신문을 자세히 읽는다(광고까지).
6. 운도 있어야 한다고 생각한다(그러나 노력을 해야 운도 따라 온다).
7. 가족들에게 인색하다는 얘기를 듣는다.

8. 충동소비나 과소비를 하지 않는다(홈쇼핑은 절대 이용하지
   않는다).
9. 독서를 많이 한다.

친구가 들려준 얘기다. 자기가 아는 사람 중에 부자가 된 사람
이 있는데 이 사람은 직장생활을 할 때 버스 종점에서 도보로 수
백 미터 떨어진 곳에 있는 집을 샀다고 한다. 물론 직장에 다니기
는 불편했을 것이다. 하지만 몇 년 후 도시가 개발되면서 버스 종
점이 자기가 살던 곳으로 이전하자 그 집을 오른 값에 팔고 또다
시 외곽으로 이사했다. 그 사람은 남들이 번거롭고 불편하게 여
기는 이런 과정을 거치면서 꽤 많은 돈을 모았다는 것이다. 부자
가 되고 싶다면 이처럼 어느 정도의 불편도 감수해야 한다. 우리
속담에 천 리 길도 한 걸음부터란 말이 있다. 무슨 일이든 큰 일
은 항상 이처럼 작은 일에서부터 시작되는 법이다.

"버는 사람보다 모으는 사람이 이긴다"라는 유대인 속담이 있
다. 아무리 돈을 많이 벌어도 씀씀이가 크면 결코 돈을 모을 수
없다. 결국 돈을 버는 것도 중요하지만 검소한 생활을 하며 지출
을 줄여야 한다. 거기에 재테크까지 꼼꼼히 챙긴다면 더 말할 나
위가 없다.

효과적인 자산운용을 위한 3분할 원칙

                    은퇴를 준비하는 사람들이 하는 큰 고민 중 하나가 은퇴 후 자산운용에 관한 것이다. 실생활에서 자산을 운용할 때에는 수익성·안전성·유동성(환금성) 등 3가지를 적절히 고려해야 한다. 이 조건에 딱 맞는 것이 바로 주식·부동산·예금이다. 주식은 수익성은 높지만 안전성이 부동산만 못하고, 부동산은 안전하기는 하지만 유동성이 떨어진다. 그리고 예금은 언제든지 찾을 수 있어 환금성이 높지만 수익성이 주식이나 부동산에 비해 높지 않다. 그러므로 수익성·안전성·유동성을 모두 고려해 주식·부동산·예금에 적절히 자산을 배분해야 한다.

그런데 이런 자산운용의 3분할 원칙도 나이에 따라 달라질 수 있다. 젊은 사람들은 실패를 해도 다시 재기할 시간이 많으므로 안전성보다는 수익성이 높은 자산에 비중을 두는 반면, 나이가 있는 사람들은 한 번 실패하면 재기가 어려우므로 수익성은 다소 떨어지더라도 안전성이 높은 자산에 비중을 두어 투자해야 한다.

어떤 투자전문가는 자기의 여명 비율만큼 투자하기를 권한다. 여명이 30년 정도라고 가정하면 자산의 30%만 주식에 투자하라는 것이다.

자산운용방식에 있어서 먼저 주식에 대해서 알아보자. 흔히 사람들은 주식을 상당히 위험한 자산으로 생각하는데 사실 그렇지만도 않다. 주식 투자는 위험하다는 고정관념 때문인지 우리나라는 미국 등에 비해 주식에 투자하는 비율이 다소 낮은 편이다. 그러나 주식시장에서 거래되고 있는 기업은 대개 우량 기업들이다. 주식시장에 상장되기 위한 까다로운 조건을 모두 충족시킨 기업들이기 때문이다. 물론 기업을 운영하다 보면 경기가 좋지 않아 상장 당시보다 실적이 악화된 기업도 있을 수 있다. 때문에 투자를 결정할 때는 이런 기업들을 신중하게 선별해야 한다.

세계적인 부자 워런 버핏은 자기 사업을 하지 않고 주식 투자를 통해 부를 일군 대표적인 사람이다. 워런 버핏은 우리나라 포스코에 투자해서 몇 배의 투자 수익을 올린 바 있다. 그런데 재미있는 것은 자식에게 '절대 주식 투자는 하지 말라'는 유언을 남긴 사람이 투자했던 곳도 포스코였다는 사실이다. 이렇게 같은 주식이라고 해도 투자 타이밍에 따라 수익이 크게 달라질 수 있다.

사실 주식 투자가 어려운 것은 주가에 영향을 주는 변수가 많기 때문이다. 예를 들어 금리가 올라가면 주가는 떨어진다. 주식에 투자했던 사람들이 주식을 팔고 예금으로 몰리기 때문이다.

또 환율이 오르면 수출 기업의 주가는 올라가지만 해외차입금이 많은 기업은 상환부담이 늘어나 주가가 떨어진다. 그리고 경기도 변수다. 향후 경기전망이 좋으면 사람들은 주식을 사려 할 것이고 그렇지 않으면 주식을 팔려 할 것이기 때문이다. 부동산 가격이 올라도 주가는 떨어진다. 예금 금리가 올라갈 때와 마찬가지로 주식시장에 있던 돈이 부동산으로 흘러가기 때문이다. 또 남과 북으로 나뉜 우리나라의 특수한 상황 때문에 남북관계도 주가에 미치는 영향이 크다. 간단히 예를 들었지만 주가에 영향을 미치는 변수는 이렇게 매우 다양하다. 그렇기 때문에 주식 투자를 할 생각이 있다면 이런 변수에 대해 공부를 하고 평소 경제신문을 꾸준히 보며 실물 경제의 흐름을 읽을 수 있는 안목을 길러야 한다.

통상적으로 우리나라 사람들은 부동산 투자를 선호하는 편이다. 그렇다면 부동산을 많이 갖고 있는 기업에 투자하면 어떨까? 부동산 가격이 올라가면 이 기업의 주식도 올라갈 것이다. 이것은 주식 투자와 부동산 투자를 겸하는 방법이라고 할 수 있다. 즉, 부동산 투자를 하면서 환금성도 확보할 수 있는 방법인 것이다.

그럼 이제 은행 예금에 대해 살펴보자. 앞에서 자산의 3분할법에 대해 이야기하면서 주식 투자의 수익성이 높다고 언급한 바 있다. 그렇다면 정말 주식 투자가 실제로 그렇게 수익이 높을까?

한 경제연구소에서 '과거 20년간 예금·부동산·주식 중에 어느 자산에 투자를 했을 때 수익률이 가장 높았는지'를 조사해 보니 일반인들의 예상과 달리 예금의 이자율이 가장 높았다. 다소 의외의 결과인데, 이것은 복리의 마술 덕분이다.

복리는 어떤 마술을 부린 것일까? 200년 전 유럽 사람들이 아메리카를 발견해서 그 땅으로 이주할 당시, 네덜란드에서 온 이주민들은 아메리카 인디언들에게 단돈 24달러 가치의 장신구를 주고 맨해튼 섬을 구입했다. 지금 생각하면 인디언이 바보 같겠지만 그것은 오산이다. 어느 경제학자가 그때 인디언들이 받았던 24달러를 현재까지 연 8%의 복리로 계산해 보니 그 가치가 지금 맨해튼 섬의 가격보다 훨씬 높았다. 결과적으로는 그 당시 인디언들은 꽤 높은 가격에 그 땅을 팔았던 것이다. 다만 그것을 복리로 운용하지 못한 게 잘못이었을 뿐이다. 여기서 우리가 놓치지 말아야 할 것은 모름지기 종자돈을 마련하기 위해서는 작은 돈을 운용하더라도 가급적 복리로 해야 한다는 것이다.

마지막으로 고려해야 할 것은 정부 시책이다. 정부에서는 직장인이나 무주택자의 목돈 마련을 위해 장기주택마련저축이라는 상품을 개발해 이를 은행에서 판매하고 있는데 그 상품을 이용하는 것이 좋은 예이다. 이 상품은 현 제도금융권 내에서는 가장 수익성이 높은 예금이다. 왜냐하면 이 예금은 저축을 했을 때 세금이 전혀 과세되지 않기 때문이다. 예금이자에 대한 소득세율이

15.4%이므로 그만큼 다른 예금보다 더 이자를 받는 셈이다. 그리고 연말정산 때 불입금액의 일정부분을 소득공제 받을 수 있으니 15.4%+a만큼의 소득을 더 올릴 수 있는 것이다. 다만 이 예금은 저소득자를 위한 것이므로 가입금액과 자격이 제한되어 있다. 이밖에도 절세 상품이나 세금우대 상품이 여럿 있다. 정부 시책과 각종 금융상품을 잘 알아보고 선택하는 것이야말로 똑똑한 자금 운용의 첫걸음이 될 것이다.

앞에서 과거 20년간의 투자 수익률을 따져보면 예금이 가장 높았다고 했지만 이것은 전반적인 것을 예로 든 것이다. 이를 테면 부동산의 경우 지역에 따라 가격 등락이 심하다. 강남 등 일부지역은 가격이 꽤 올랐지만 지방 임야의 땅은 거의 오르지 않았다. 주식도 마찬가지다. 따라서 "부동산의 수익률이 높다", "주식 투자가 수익률이 높다"라고 콕 집어 말하기는 어렵다. 종합해 보면 부동산은 위치 선정을, 주식 투자는 타이밍을, 그리고 예금은 복리와 절세 상품을 잘 선택해야 한다. 그리고 상품마다 특성이 다르기 때문에 장단점을 잘 살펴 자산 포트폴리오를 자신에게 맞게 구성하는 것이 중요하다.

투자를 해야지 투기를 해선 안 된다

한 남자가 미국 캘리포니아 해안을 기도하며 걷고 있었다.

"하느님, 언제든지 차를 타고 갈 수 있도록 하와이까지 이어지는 다리를 만들어 주세요."

그러자 하느님은 바다 밑까지 교각이 닿아야 하니 얼마나 많은 콘크리트와 철근이 들겠느냐며 할 수는 있지만 꼭 필요한 것 같지 않으니 다른 소원을 말해 보라고 했다. 남자는 한참 생각하다 입을 열었다.

"하느님, 저는 주식 투자를 잘하고 싶습니다. 도대체 바닥이 어디인지 알려주세요."

그러자 바로 하느님이 이렇게 말했다.

"하와이까지 가는 다리를 4차선으로 해줄까, 8차선으로 해줄까?"

이것은 주가를 예측한다는 것이 얼마나 어려운지를 담고 있는 유머이다. 『지하철과 코코넛』이라는 주식 투자 책을 보면 주식 투자의 예측 불가능성에 대해 다시 한번 지적하고 있다. 지하철은 그 운행시간이 비교적 정확하며 연발하더라도 도착시각을 대충 짐작할 수 있다. 하지만 우리 삶에서는 예측할 수 없는 일이 느닷없이 일어난다. 주식 투자도 이와 같다는 것이다. 작가는 책에서 모처럼 유명 휴양지로 휴가를 떠난 성공한 사업가가 기분 좋게 술 한잔 마시고 코코넛 나무 그늘에 누워 낮잠을 청하다가 갑자기 코코넛 열매가 머리 위로 떨어져 사망했다는 에피소드를 소개한다. 얼마나 황당한 일인가? 왜 하필 그 시간에 코코넛 열매가 떨어졌을까? 그 사업가가 자신의 갑작스러운 죽음을 예측할 수 없었듯이 우리가 현실 속에서 9·11테러나, 리먼브라더스로 인한 금융위기 등 주식시장이 패닉에 빠지는 상황을 미리 예측하기는 사실상 불가능하다. 주식시장을 예측한다는 건 정말이지 신의 영역이라고 할 수 있다. 우리가 할 수 있는 최선은 그저 기본에 충실한 투자를 하는 것뿐이다.

주가가 폭락하면 대부분의 사람들이 두려움에 어찌할 바를 모르지만 현명한 투자자는 오히려 이런 시장을 환영할 수도 있다. 벤저민 그레이엄의 유명한 투자 가이드북 『현명한 투자자』를 보면 현명한 투자자는 강세장을 두려워한다. 왜냐하면 주식을 비싸게 사야 하기 때문이다. 반대로 약세장을 환영한다. 주식을 더 싸게 살 수 있기 때문이다. 이처럼 일반인들과 달리 현명한 투자자는 약세장을 환영한다는 것이 그의 주장이다.

처음에 소액으로 주식 투자를 시작했다가 이익을 좀 봤다고 전 재산을 털어서 주식을 샀다가는 자칫 전 재산을 날리기 십상이다. 증권분석의 창시자이면서 워런 버핏의 스승이기도 한 벤저민 그레이엄도 그의 책 1장에서 '투자를 해야지 투기를 해선 안 된다'고 이야기했다.

투자와 투기는 어떻게 다른 것일까? 투자는 철저히 분석하여 원금의 안전과 적절한 수익을 보장하는 것이고, 투기는 이러한 조건을 충족하지 못하는 행위라고 할 수 있다. 한때 주가가 폭락하자 정부에서 공매도를 한시적으로 금지시킨 적이 있다. 이런 공매도나 신용으로 주식을 투자하는 행위도 일종의 투기라 할 수 있다. 이런 식의 투기는 절대 해서는 안 된다.

물론 저금리 시대에 자금 운용을 하기가 쉽지 않다. 더군다나 금융소득종합과세의 강화로 조세부담은 더 높아진 것이 현실이다. 그래서 요즘 금융가에서는 절세 금융상품의 인기가 높다. 어떤 면에서 보면 주식 투자 역시 절세 상품이라고 할 수 있다. 왜냐하면 주식의 양도차익에 대해선 세금을 한 푼도 내지 않기 때문이다. 물론 예외인 경우도 있긴 하다. 여하튼 주식 투자는 어느 특정한 사람만 할 게 아니고 노후를 준비하는 사람이라면 모두가 해야 하는 그런 시대가 온 것이다. 개중에 주식 투자는 절대로 하지 말라는 사람도 있지만 그건 너무 지나친 기우라고 생각한다. 주식 투자가 쉬운 것만은 아니지만 시장원리를 잘 이해하고 기본에 충실하면 공금리 이상의 수익은 얻을 수 있을 것이다.

주식 투자를 결심했다면 먼저 회계에 대한 기본 지식을 익혀야 한다. 쉽게 회계 원리를 설명한 책도 있으니 지레 겁먹고 포기하지는 말기 바란다. 무엇이든 처음에는 다 어려운 법이다. 회계에 대한 이해를 마쳤다면 그다음으로는 기업의 가치에 대한 판단력을 길러야 한다. 기업의 가치를 어떻게 평가할 수 있을까? 물론 가치를 평가하는 데는 여러 방법이 있겠지만 우선 대표적인 지표 두 개만 설명하고자 한다.

하나는 그 기업의 자산 가치를 나타내는 지표인 주가순자산비율(PBR)이다. 이것은 현재 주가를 1주당 순자산으로 나눈 것이다. PBR이 1이라는 것은 그 기업의 자산을 모두 팔아서 현금화한 후 그 현금을 발행주식으로 나눈 금액이 주가와 같다는 것이다.

$$PBR = \frac{주가}{1주당\ 순자산}$$

만약에 PBR이 1보다 크다면 주가가 순자산가치보다 높은 것이고 반대의 경우엔 주가가 순자산가치보다 낮은 것이다. 그래서 경제학에서 흔히 이야기하는 것처럼 다른 모든 조건이 동일하다면 PBR이 낮은 것이 더 좋다고 할 수 있다. 쉽게 이야기하면 기업의 모든 자산을 팔아 현금화한 돈이 자기가 소유한 주식의 가치보다 높으므로 주식을 소유했을 때보다 훨씬 많은 돈을 받을 수 있다는 의미이다.

또 다른 하나는 그 기업의 수익가치를 나타내는 지표인 주가수익률(PER)이다. 이것은 현재 주가를 1주당 순이익으로 나눈 것이다. 주가가 10,000원인 기업의 1주당 순이익이 500원이라면 그 기업의 PER은 20인 셈이다.

$$PER = \frac{주가}{1주당\ 순이익}$$

만약에 정기예금 금리가 5%라면 그 예금의 PER은 20이 된다. 만약 주가가 50,000원인 기업의 1주당 순이익이 10,000원이라면 PER은 5가 된다. PER을 이해하기 위해선 내가 원금을 회수하는 데 얼마나 걸리는지를 생각해 보면 된다. PER이 5라면 내가 매년 10,000원씩 수익을 실현했을 때 원금을 회수하는 데 5년이 걸린다는 의미이다.

기업의 PER이 높은 게 좋을까, 낮은 게 좋을까? 물론 낮은 게 좋다. PER이 낮다는 것은 그 기업의 주가가 낮다는 것을 의미한다. 그만큼 주가가 앞으로 오를 가능성이 많다는 의미이기도 하다. 그러나 달리 보면 그 기업의 장래가 불투명하다는 것으로도 해석할 수 있다. 사람들이 그 기업의 장래가 좋다면 지금은 좋지 않더라도 그 기업의 주식에 투자할 것이고, 그 주가는 오를 것이기 때문이다. 이 두 가지 개념만 이해하고 있어도 이미 기업가치를 평가하는 데 반 정도는 알고 있는 셈이다.

이 밖에 무엇을 더 봐야 할까? 그건 부채비율이다. 어느 정도 타인자본에 의존하는 정도를 비율로 나타낸 것이다. 특히 차입금이 얼마나 되는지도 잘 살펴봐야 한다. 또한 그 기업의 매출이 신장세를 보이고 있는지, 또 순이익의 증가는 어떠한지도 눈여겨봐야 할 지표이다. 아무래도 매출이나 순이익의 변동이 심한 기업보다는 완만하게나마 신장세를 보이고 있는 기업이 리스크가 적기 마련이다. 투자의 대가인 워런 버핏도 이익을 추구하기보다는 먼저 손해를 보지 말아야 한다고 했을 만큼 무엇보다도 투자 리스크를 줄이는 게 중요하다.

이외에도 주가에 미치는 변수에는 여러 가지가 있다. 환율, 유가변동, 수출입 동향, 외환보유액, 이웃나라 특히 미국과 중국의 경기 동향과 남북관계 등을 들 수 있다.

지금까지 기업의 가치를 평가하는 방법과 종목을 선택하는 것에 대해 이야기했다. 사실 이 이야기들은 주식 투자를 하는 사람이라면 누구나 알고 있을 내용들이다. 그러나 무엇보다 중요한 것은 시간(Timing)이다. 적절한 시간을 선택하는 것은 정말 어려운 일이다. 주식 투자의 진리는 단순하다. 어쩌면 그렇기 때문에 더 실천하기가 어려운 것일지 모른다.

경제기사에서 타이밍을 읽자

　　　　　　　직장생활을 하던 당시 한번은 경제부 기자
가 찾아와 인터뷰를 요청한 적이 있었다. 나는 제법 긴 시간 기자
가 묻는 대로 이것저것 금융업계의 현안에 대한 이야기를 해주었
다. 그런데 다음 날 신문에 난 기사를 보고 깜짝 놀랐다. 기자와
나누었던 것과는 다른 내용의 기사가 실려 있었기 때문이다. 경
제부 기자는 왜 그렇게 기사를 썼던 것일까?

　　얼마 전 은퇴 준비에 대해 인터뷰할 기회가 있었다. 인터뷰를
마치고 차를 한 잔 하며 위 에피소드를 이야기하니 담당 기자가
하는 말이 기자들끼리도 때로는 동료의 기사를 신뢰하지 않는다
고 했다. 물론 과장된 얘기겠지만 내 입장에서는 다소 뜻밖이었
다. 그런데 나의 사례를 보니 그럴 만도 하겠다는 생각이 들었다.

　　흔하진 않지만 간혹 특종을 좇던 기자들이 사실을 왜곡해 보도
하는 경우가 있다. 사실보도라는 언론의 신뢰를 깨뜨린 오보는 해
당 언론사의 신뢰성에 심각한 훼손을 초래하게 되어 결국은 독자

들의 외면으로 이어지게 된다. 얼마 전에도 세계 유명 언론사 대표가 사실과 다른 보도를 했던 것에 책임을 지고 대표직에서 사퇴하기도 했다. 그러나 이런 오보들을 걱정해서 모든 뉴스를 불신하고 외면할 수만은 없다. 평소에 꾸준히 읽는 경제기사야말로 우리 사회의 경제 흐름을 파악할 수 있는 지름길이기 때문이다.

10년 전쯤 우리 사회에 오피스텔 열기가 뜨거웠던 때가 있었다. 건설사는 그 열기를 타고 이곳저곳에서 오피스텔을 분양했다. 우리나라에선 뭐가 잘된다고 하면 모든 회사가 한꺼번에 달려드는 경향이 있다. 상황이 이렇다 보니 2년 후에 입주하게 되는 오피스텔의 가구 수가 무려 4만여 가구에 달하게 되었다. 자연히 공실이 생길 수밖에 없었고 매매가는 분양가보다 더 떨어졌다. 이런 일이 있은 후엔 오피스텔 공급이 뚝 끊겼다. 건설사로선 땅값이 올라 수지가 맞지 않게 되었고, 수요자는 공급이 넘치고 매매가가 떨어지니 오피스텔 분양에 관심이 없어지게 된 것이다. 그리고 그 이후로는 오피스텔 공급이 거의 이루어지지 않았다. 이렇게 공급이 없는 상태가 몇 년간 지속되는 상황에서 1인 가구가 늘고, 은행금리가 떨어지자 수요자들이 또다시 오피스텔에 관심을 갖기 시작했다. 약 3년 전부터 오피스텔 분양 열기가 다시 불었고 작년에 다시 4만여 가구의 오피스텔이 공급됐다. 가격도 많이 올라 요즘 분양하는 오피스텔의 분양가는 기존 오피스텔 매매가보다 훨씬 높다.

금융회사에 근무했던 경험 때문인지 지인들이 간혹 나에게 "은퇴 후 생활을 위해 오피스텔을 하나 분양받으려고 하는데 어떻게 하는 게 좋겠냐?"고 묻는다. 사실 많은 사람들이 은퇴 후 투자종목으로 수익성 부동산을 권하기도 한다. 그러나 앞서 이야기했듯 무엇보다 중요한 건 타이밍이다.

　지난해 분양받은 오피스텔에 입주하게 될 2년 후의 오피스텔 가격은 어떻게 형성될까? 경제를 예측하는 것은 매우 어려운 일이지만 그동안 일어났던 과거 사례를 통해 어느 정도 미루어 짐작해볼 수 있다. 뉴스를 통해 어떤 사실의 진위를 파악하기도 하지만 그와 동시에 동향을 파악할 수도 있다. 이것이 진위 여부를 불문하고 경제기사를 읽어야 하는 이유다.

남의 말을 그대로 따르지 마라

의학사를 살펴보면 혈액형이 발견된 것은 불과 얼마 되지 않았다. 그러니까 그 이전에는 피가 모자랄 때 동물의 피나 포도주 따위를 혈액 대신 수혈하기도 했다는 것이다. 어떻게 그런 일이 있었을까 싶지만, 지금 우리가 당연시하는 것들도 시간이 지나 우리 후손들이 보게 되면 '어떻게 그랬을까!'라며 놀랄지도 모를 일이다.

전문가라고 생각했던 사람들이 알고 보면 의외로 그렇지 않은 경우가 있다. 하버드의대에서 박사학위를 받고 보스턴의 한 병원에서 외과의사로 근무하는 아툴 가완디의 책 『나는 고백한다, 현대의학을』은 '우리는 얼마나 모르는가?'라는 제목의 글로 시작된다. 그 책에 따르면 하버드의대 병원의 오진율이 무려 50%에 달한다고 한다. 의사인 그는 세상에서 가장 무서운 사람이 환자라고 언급했다. 정작 의사인 자신은 잘 모르는데 환자들은 의사가 잘 알 거라고 생각하고 있으니 그게 겁이 난다는 것이다.

금융거래도 마찬가지이다. 고객들은 금융회사 직원들의 상품에 대한 지식이 해박할 거라고 믿지만 실상은 그렇지 않다. 얼마 전 어느 모임에 갔을 때 모 은행의 간부직원이 은퇴 후 자금운용에 대해 강의를 한 적이 있다. 그는 몇 개 금융상품을 설명하며 자사의 특정 상품을 권했다. 수익률이 정기예금 금리의 두 배 정도가 된다는 것이다. 나는 설명을 들으면서도 속으로 '저건 아닌데' 하는 생각이 들었다.

금융회사들이 주식형 펀드의 수익률이 좋지 않자 얼마 전부터는 채권형 펀드 판매에 열을 올리고 있다. 모 은행의 경우 지난해 1분기에 가장 많이 팔린 펀드 3개가 모두 채권형 펀드였다. 글로벌 채권시장에서 채권 버블론이 고개를 들고 있는데도 여전히 채권형 펀드 판매에 집중하고 있는 것이다. 앞으로 또 주식형 펀드와 같은 현상이 벌어지지 않을까 염려되기도 한다. 채권형 펀드는 말처럼 그렇게 안전한 것만은 아니다. 신용리스크와 금리리스크가 존재하기 때문이다.

며칠 후 그 은행을 직접 찾아갔더니 창구직원도 간부직원이 이야기하던 것과 똑같이 상품을 설명하며 권했다. 나의 판단으로는 사실 그러한 수익률을 낼 수가 없을 것 같아 그 상품을 운용하는 직원을 전화로 연결해 달라고 부탁했다. 결국 상품 운용을 맡고 있는 직원과 통화를 하고 나서야 내가 가졌던 의문을 풀 수 있었다. 창구직원이 설명하는 건 과거에 올렸던 수익률이고 올해에는 그러한 수익을 낼 수 없다는 게 상품 운용자의 솔직한 의견이었다. 나는 이런 사실을 알지 못하는 일반 투자자들이 단지 창구 직원의 설명만 듣고 잘못된 판단을 하지 않았을까 걱정스러웠다. 우려했던 대로 은행 창구직원이 권한 금융상품의 수익률은 좋지 않았다.

얼마 전 에프앤가이드에서 국내 4대 은행에서 판매한 베스트 펀드 3개씩 총 12개 펀드의 최근 1년간 수익률을 비교한 결과, 수익률 상위 10위 안에 드는 주식형 펀드는 1개에 불과했다. 특히 그중 8개 펀드는 마이너스 수익률을 기록했다.

사실 은행 창구직원들은 금융지식이 생각만큼 높지 않다. 따라서 직원들의 말만 믿고 상품을 가입해선 안 된다. 금융상품을 고를 때도 다른 상품을 살 때처럼 먼저 요모조모 따져봐야 한다. 그리고 직원들의 설명에 의문이 생기면 주저하지 말고 상품을 운용하는 담당 직원에게 직접 물어보는 것도 방법이다. 금융거래는 돌다리 두드리듯 신중하게 해야 한다. 그저 남들 말을 그대로 따라 했다가는 자칫 큰 손해를 볼 수 있기 때문이다.

보통 금융회사 직원들은 자기 회사의 상품은 잘 알지만 다른 금융사의 상품은 잘 모른다. 오히려 금융상품에 관심이 많은 고객들이 금융상품의 특성을 잘 이해하고 있는 경우가 많다. 그래서 현업에 있을 당시 나는 부하직원들에게 "고객들은 여러분의 머리 위에 있는 사람들이니 함부로 우리 회사의 금융상품이 좋다고 권하지 말라"는 당부를 하곤 했다. 무조건 상품에 투자를 권하

는 것보다는 금융상품 전반에 대해 설명하고, 알맞은 금융상품을
선택할 수 있도록 도와주는 것이 길게 보면 고객의 신뢰를 얻을
수 있는 최선의 방법이기 때문이다.

금융회사 직원이 알려주지 않는 진실

　　　　　　　　예전에 시중의 C은행에서 개최한 투자설명회에 참석했을 때였다. 강의를 진행한 직원은 세계경제 동향을 설명하며 유망한 투자 지역을 선정해 강조하며 이야기하고 있었다. 그때 듣고 있던 한 노인이 일어나 입을 열었다. 2년 전에 은행에 왔을 때 창구직원이 중국에 투자하는 게 좋겠다고 해서 중국펀드에 가입했는데 1년 만에 평가손실이 30%에 달했다는 것이다. 그리고 얼마 후 새로 부임해 온 직원이 자신에게 중국보단 인도에 투자를 하는 게 좋겠다고 권해 다시 인도펀드로 바꾸었는데 또 20%가 떨어졌다는 것이다. 결과적으로 노인은 2년 만에 거의 투자 원금의 절반을 잃은 것이다.

　　대체 왜 새로 부임한 직원은 노인에게 다른 펀드를 권했을까? 십중팔구는 아마도 손실을 입은 노인의 사정을 알고 가급적 전망이 좋은 금융상품을 권했을 것이다. 그러나 달리 보면 그렇지 않을 수도 있다. 금융회사 직원은 고객의 이익보다는 회사나 본인의 이익을 먼저 생각하기 때문이다. 각 은행에는 항상 중점적으로 판매하는 상품이 있다. 대개의 경우 예금을 권유하지만 자금 운용이 어려울 때는 예금보다는 펀드를 권유한다.

또 새로운 펀드상품을 만들었을 땐 그 상품을 판매하기 위해 직원들을 상대로 캠페인을 벌인다. 지점이나 직원들에게 판매 할당을 하고 목표를 달성하면 금전적인 보상을 하거나 승진에 반영하는 것이다. 반대로 캠페인 실적이 좋지 않으면 지점장은 한직으로 발령을 받기도 한다. 따라서 캠페인이 시작되면 지점장 이하 모든 직원이 목표 달성을 위하여 심혈을 기울이지 않을 수 없다. 어쩌면 설명회에서 벌떡 일어났던 노인은 이런 은행의 사정에 의해 발생된 피해를 고스란히 입은 것일 수도 있다.

그렇다면 금융상품을 어떻게 선택해야 할까? 왜 그 상품이 좋은지 자세히 묻고 스스로 가입 여부를 판단해야 한다. 판단이 잘 서지 않을 땐 다른 금융회사를 방문해서 추가 의견을 구하는 것도 좋은 방법이다. 물론 이러한 과정들이 귀찮게 느껴질 수도 있다. 그래도 어쩔 수 없다. 은퇴 후 수중에 있는 돈을 보자. 과거 얼마나 힘들게 모은 돈인가? 금융상품 선택할 때는 여기저기 들러 발품을 파는 신중함이 필요하다. 여기서 한 걸음 더 나아가 스스로 꾸준히 경제 공부를 한다면 더 바랄 나위가 없다.

특히 노년층은 잘못된 금융상품에 투자하여 피해를 보기가 쉽다. 영국 금융감독원은 지난해 80대 노인들에게 장기 금융상품을 판 HSBC에 1,050만 파운드의 벌금을 물리고 전·현직 임원에게 지급한 보너스를 환급하기로 결정했다. 기대수명이 2~3년밖에 남지 않은 평균연령 83세의 고객들에게 만기 5년 이상의 장기 상품을 3억 파운드나 팔았던 것이다. 고령자가 많은 일본도 이런 분쟁이 적지 않다. 그래서 일본 금융당국은 고령자에 대한 가이드라인을 마련해 놓고 있다. 나이나 투자성향에 알맞은 판매원칙을 정하고 금융상품의 구조와 위험은 물론 수수료와 각종 비용을 서류상에 표시하도록 의무화한 것이다. 일부 은행에선 75세 이상의 고객에게는 펀드를 먼저 권유하면 안 된다는 내부 규정을 두고 있다.

우리나라도 2009년 이와 유사한 조항을 도입하기는 했다. 그럼에도 불구하고 계속 금융 분쟁이 일어나는 건 왜일까? 그건 일부 금융사 직원들이 노인들을 만만하게 보고 자세한 설명 없이 자사가 권하는 상품을 강매하는 경우가 적지 않기 때문이다. 그러자 금융당국에서는 노령자가 펀드상품을 가입할 때 2~3일의 숙려기긴을 두는 것도 검토하고 있다. 그런데 획일적으로 이렇게 구분을 하는 것은 또 다른 문제일 수도 있다.

노인이라서 금융지식이 없다면 반대로 젊은이들은 금융지식이 해박할까? 절대 그렇지 않다. 최근 조사결과를 보니 금융회사들은 1년 동안 모두 24조 원의 ELS 등의 파생상품을 고객에게 팔았다. 그중 65세 이상의 고령층에게 판 금액은 총 4조 원으로, 전체 판매액수의 17%에 달한다. 금융당국은 이러한 비중이 과다하다고 보고 있지만 사실 그만큼 노인들이 젊은이들에 비해 돈이 많은 것으로 해석할 수 있다. 무조건 주식 관련 금융상품을 위험자산으로 분류하여 노인들에 대한 판매를 제한하는 것도 적절한 대응책은 아니다. 노년층에게 주식 투자에 대한 지식이 필요한 것이지, 주식 투자 자체를 제한하는 건 본질을 왜곡하는 일이기 때문이다.

멀리 가려면 함께 가라: 청년창업과 엔젤투자자

　　　　　　　　어느 날 대학교수로 재직 중인 선배에게 전화가 왔다. 국내 모 그룹에서 근무하는 제자가 창업을 하고자 하니 만나 보고 도와주라는 내용이었다. 다음 날 그 제자를 만났다. 이름만 대면 알 만한 기업에 근무하고 있는데 직장에서 분사하는 아이템을 갖고 창업을 하겠다는 포부를 밝혔다. 그리고 회사가 갖고 있는 기술과 앞으로의 사업계획에 대해 1시간 가까이 설명을 했다.

　솔직히 그가 이야기한 기술 분야에 대해선 이해하기가 어려웠다. 하지만 내가 바라본 그의 눈빛은 열정으로 가득 차 있었고 브리핑을 통해 꼭 성공을 하겠다는 신념도 읽을 수 있었다. 결국 우리는 회사를 함께 창업하기로 하고 내가 회사 정관을 만드는 등 회사 설립에 필요한 절차를 밟기로 했다. 청년들의 창업에 '엔젤투자자'가 되기로 결심한 것이다.

　'엔젤투자자'란 창업 초기의 벤처기업에 자금 지원과 함께 경영에도 도움을 주는 개인투자자를 말한다. 투자금을 모으는 일이 시급한 벤처기업에 그 가능성만을 보고 자금을 준다고 해서 엔젤이라는 이름이 붙었다. 엔젤투자자는 사업에 일정 지분을 갖고 참여하는 것이므로 사업이 망하더라도 투자금을 회수할 수 없다.

그와 함께 회사를 나온 직원들이 받은 퇴직금과 나와 주변 지인들의 투자로 기본적인 자본금이 모아졌다. 사무실을 구하고 창립총회까지 마치고 나니 새로운 회사가 탄생했다. 그 후 우리는 좀 더 상세한 사업계획서를 만들었다. 그리고 창업투자회사를 방문하여 사업계획을 설명하고 투자를 요청했다. 다행히 좋은 평가를 받아 여러 곳에서 투자를 유치할 수 있었다. 회사가 어느 정도 자리를 잡은 이후엔 가끔 회사에 들러 이런저런 애로사항에 대한 조언을 해주곤 했다.

그런데 회사를 창립한 지 1년이 경과하도록 매출이 기대만큼 오르지 않았다. 그러던 어느 날 그에게서 전화가 왔다. 직장 상사였던 분이 오래전 회사를 창업해 경영을 하고 있는데 그분으로부터 합병 제의가 들어왔다는 것이다. 그와 만나 합병을 제의한 회사의 재무 상태를 검토했더니 연륜도 있는 데다가 회사 실적도 좋았다. 나는 합병 제의를 받아들이는 게 좋겠다고 권유했다. 합병을 결정한 후 회계법인을 통해 실사를 시작했다. 피합병회사의 기술력과 합병회사의 재무 상태를 고려하여 적정한 주식의 교환 비율을 정한 후 두 회사의 합병이 이루어졌다.

합병 이후 회사는 때마침 불어닥친 전자업계의 호황으로 매출이 쑥쑥 늘었고, 우수한 실적을 바탕으로 증권시장에 상장되었다. 시장에서의 평가가 좋아서 주가가 많이 올랐다. 안정된 직장을 박차고 나와 창업을 한 그와 공동창업자 겸 엔젤투자자로 참여했던 나, 그리고 실패할지도 모르는 위험을 무릅쓰고 투자했던 투자회사 모두에게 좋은 결과가 빚어진 것이다.

최근 중소기업청에서는 2천억 원의 창업펀드를 조성하겠다는 계획을 발표했다. 설립자가 39세 이하인 기업이나 일자리 창출 성과가 우수한 기업을 대상으로 창업을 지원해주겠다는 것이다. 그러나 창업을 한다는 게 결코 쉬운 일은 아니다. 우수한 콘텐츠와 좋은 인력, 그리고 적절한 자금지원이 이루어져야 하기 때문이다. 혼자 모든 것을 다 하려고 하기보다는 주위의 인맥을 활용하여 그들과 함께 창업한다면 자신의 단점을 보완할 수 있어 훨씬 좋은 결과를 얻을 수 있을 것이다. 좋은 아이디어를 갖고 있는 분들이라면 철저한 준비를 바탕으로 창업을 통해 새로운 꿈을 펼쳐보기 바란다.

100세 시대가 눈앞에 현실로 다가오고 있고, 인생 2모작이라는 말이 더 이상 생소하지 않은 것이 요즘 추세이다. 은퇴를 앞두고 있더라도 앞으로 살아갈 날이 아직 많이 남은 우리, 은퇴를 준비하기에 앞서 가장 먼저 체크해야 할 것들이 무엇인지 알아보자.

1. 은퇴자금 준비 현황은 어떤가?

은퇴를 생각할 때 노후를 지탱할 수 있는 안정적인 경제적 기반을 마련해 놓는 일은 매우 중요하다. 퇴직금부터 각종 연금과 저축 등 은퇴 자금 전체의 예산을 짜놓고 그것을 바탕으로 노후의 예상 수익과 지출을 철저히 계산하여 준비하는 것이 필요하다.

2. 창업 및 재취업 계획을 위한 전문성을 갖추었나?

많은 은퇴자들은 제2의 인생을 위해 새로운 직업을 가지려는 계획을 세우고 있다. 그러나 새로운 분야에 무작정 뛰어드는 것은 무척 위험한 일이다. 만약 창업이나 재취업을 계획하고 있다면 그에 걸맞은 전문성을 갖출 수 있도록 사전에 철저한 교육을 받고 유사 분야에서 충분히 경험해보는 준비가 선행되어야 한다.

3. 건강검진을 주기적으로 받고 있나?

국민건강보험에서 일정 나이가 되면 무료 건강검진을 실시하는 시대이지만 건강을 자신하며 무시하는 사람들이 주변에 적지 않다. 은퇴 자금 확보만이 은퇴 준비의 최선은 아니다. 건강한 사람만이 안정적인 노후를 누릴 수 있기 때문이다. 누구도 대신 아파주지 않는다. 건강은 건강할 때 스스로 챙겨야 한다.

4. 회사생활 외에 다양한 인간관계를 맺고 있나?

대부분의 직장인들에게는 회사와 집이 생활의 전부이다. 그러다 보니 은퇴 후 막상 회사생활을 접고 나면 졸지에 갈 곳 없는 신세가 되기 쉽다. 회사를 떠나서도 친분을 유지할 수 있는 인간관계가 있어야 은퇴 후 생활이 외롭지 않을 것이다. 가족이나 회사동료가 아닌 다른 누군가와 마음을 터놓고 소통할 수 있는 관계를 만들고 유지하도록 노력하자.

5. 은퇴 후 달라질 상황에 대해 가족과 충분한 대화를 나누고 있나?

은퇴가 당사자들에게만 영향을 미치는 것은 아니다. 가장 가까이에 있는 가족들도 큰 변화를 겪기 마련이다. 그러므로 은퇴 전부터 가족들과 충분히 대화하여 은퇴에 대한 서로의 이해를 이끌어내는 것이 중요하다. 그래야만 은퇴가 현실로 다가왔을 때 변화된 환경 속에서 서로를 배려하고 이해하는 일이 조금 더 수월해질 것이다.

이상 5가지는 은퇴 준비를 이야기할 때 항상 언급되는 가장 기본적인 항목들이다. 은퇴 후 어떤 삶이 기다리고 있을지 모르기 때문에 은퇴 예정자들의 불안감이 더 클 수밖에 없다. 은퇴 후 안정된 생활을 원한다면 철저한 준비가 선행되어야 한다. 스스로 은퇴 후 자신에게 필요한 것이 무엇인지 생각해 보고 자신만의 은퇴 준비 체크리스트를 작성해 보는 것이 큰 도움이 될 것이다.

어린이들만 일일 계획표를 세우는 것은 아니다. 길고 긴 100세 시대 어떻게 살아가야 할지 계획표를 세워 차근차근 준비해보자.

20 ~ 30대	인생의 목표를 설정하고 준비하는 단계로 많은 시행착오를 겪으며 다양한 경험을 쌓는 시기
	젊음이라는 강력한 무기를 갖고 있으니 실패를 두려워하지 않는 도전으로 진정한 자신의 길을 찾는 노력이 필요하다.
40대	한 가지 분야에서 결실을 맺는 시기이자 은퇴 준비를 생각하게 되는 시기
	인생의 절정에 서 있다는 기쁨과 함께 한편으로는 그곳에서 내려올 걱정도 해야 한다. 이럴 때일수록 쉽게 흔들리지 말고 삶의 중심을 똑바로 잡을 수 있도록 노력하자.
50대	제2의 인생에 대한 준비를 점검하는 시기
	이제는 젊음 대신 경험과 연륜을 무기로 새로운 도전에 임해야 하니 마음가짐을 사회 초년생처럼 다시 한번 새롭게 가질 필요가 있다.
60대	은퇴 후 남은 40년에 대한 불안 속에 새로운 인생에의 도전을 시작하는 시기
	현실이 된 은퇴생활을 받아들이고 불안한 미래를 향해 덤덤히 걸어갈 수 있는 용기가 필요하다. 그간 힘겹게 역경을 헤치며 지나온 세월이 주는 지혜가 그 용기를 지탱해주는 힘이 될 것이다.

70대	피할 수 없는 노화를 수용하고 적응하는 시기
	반짝이는 청춘을 잃고 얻은 깊은 주름이 스스로를 주저앉히더라도 실망하지는 말자. 주름살이 주는 여유와 너그러움을 즐기려는 노년의 긍정의 힘이 빛을 발할 때이다.
80 ~ 90대	삶의 의미를 되새기며 관조하는 시기이자 살아온 인생에 대한 감사와 정리의 시기
	그 무엇으로도 세월을 이길 수는 없다. 황혼이 지듯 저물어가는 삶을 차분히 돌아보며 주변의 모든 것에 감사하는 마음으로 진정한 노후를 즐기자.

은퇴 금융시장의 규모가 급속히 커지면서 2012년에는 무려 300조 원 시장으로 성장했다. 바야흐로 은퇴한 노년층이 금융계의 큰손이 된 시대이다. 이런 사회적 현상에 발맞추어 공공과 민간 금융기관 등 다양한 곳에서 은퇴자들을 위한 맞춤형 은퇴설계 서비스를 실시하고 있다. 전문가의 상담을 통해 각자의 상황에 맞는 은퇴설계를 준비하는 것이 좋다. 자신의 삶을 재설계하는 것이므로 본인의 생각과 경제적 능력을 기준으로 주위의 말에 현혹되지 않는 각별한 주의도 잊지 말아야 한다.

* 베이비부머 은퇴설계 콘서트

국민연금공단이 민간 노후설계 전문기관과 함께 주최하는 전국 순회 행사이다. 행사에서는 재무와 대인관계, 일자리 등을 주제로 한 강연은 물론이고 일대일 상담과 무료 건강검진도 받을 수 있다.

☎ 문의: 국민연금공단 www.nps.or.kr 국번 없이 1355

* 매일경제 은퇴경제센터 '서민금융재무지원단'

금융권 출신 은퇴자들로 구성된 서민금융재무지원단이 '찾아가는 상담서비스 및 경제교육'을 실시한다. 서민금융재무지원단 상담사들이 지역 복지관을 주기적으로 방문하여 재무상담과 경제교육의 수요조사 및 홍보 활동을 진행한다.

☎ 문의: 매일경제 은퇴경제센터 'MK시니어' senior.mk.co.kr
　　　서민금융재무지원단 02-2000-5448

* 미래에셋은퇴연구소

미래에셋은퇴연구소는 재무영역뿐만 아니라 일·가족·건강과 같은 비재무적인 영역까지 다양한 은퇴 관련 정보를 제공한다. 미래에셋은퇴연구소는 금융권 최대 규모인 900개가 넘는 은퇴 관련 콘텐츠를 보유하고 있다.

☎ 문의: 미래에셋은퇴연구소 retirement.miraeasset.com

* 해피실버 금융교실

신한은행은 60대 이상 은퇴 노년층을 대상으로 전국 240여 개의 노인종합복지관을 찾아가 무료 교육을 실시하고 있다. 노후 준비와 자산관리, 보이스피싱 예방법 등의 내용을 강의하고 전반적인 재무와 세무에 대한 1:1 상담을 펼쳐 노후설계를 지원한다.

☎ 문의: 전국 노인종합복지관

* KB골든라이프

KB국민은행이 노후설계에서부터 재취업·창업지원에 이르기까지 은퇴 후 제2의 인생을 지원하기 위해 실시하고 있는 서비스이다. 이 서비스는 0세부터 100세까지 생애주기별 맞춤형 노후준비진단 및 설계를 전문으로 하는 것으로 재무적 측면의 자산관리뿐 아니라 재취업과 창업, 건강, 여가 등 비재무적인 분야의 서비스도 포함돼 있다.

☎ 문의: KB골든라이프뱅킹 www.kbstar.com

나를
발견하는 시간

우리가 숨을 거두고 천국에 갔을 때,
하나님은 우리에게 왜 구세주가 되지
못했느냐고 묻지 않을 것이다.
그 순간 우리에게 던져질 질문은 단 하나,
"너는 왜 너 자신으로 살지 못했는가?"
일 것이다.

레오 버스카글리아

외로운 존재, 그 이름은 아버지

　　　　얼마 전 만난 한 친구에게 들은 이야기이
다. 어느 날 집에 들어가니 아내와 아이들이 기타를 치며 즐겁게
노래를 부르고 있더라는 것이다. 그런데 자신이 집에 들어서자 갑
자기 노랫소리가 멈추더니 아들, 딸이 차례로 각자 방으로 들어
가 버렸고, 결국 거실에 아내와 둘이 앉아 있는데 왠지 그 상황이
어색하기만 했다고 한다. 그런데 그것도 잠시, 아내마저 부엌으로
들어가 버렸다며 그는 씁쓸한 웃음을 보였다. 자신이 마치 재미있
게 놀던 식구들을 방해한 것 같은 느낌이 들었다는 것이다.

　사실 나도 사정이 별반 다르지 않다. 그래도 나는 집에 들어가
면 반가워하며 쫓아 나오는 녀석이 하나 있다. 바로 우리 집 강아
지이다. 이 녀석은 365일 항상 꼬리를 치며 나를 반긴다. 아이들
처럼 고개만 잠깐 내밀고 인사를 하는 게 아니라 집 안에서 계속
따라다니며 반가움을 표한다. 아마도 나를 반기는 유일한 가족이
아닌가 싶다. 반려동물에 많은 유산을 남기고 떠났다는 노인들에

대한 해외토픽이 이제는 이해가 될 지경이다.

그런데 어느 날 아내와 함께 강아지를 데리고 공원에서 산책을 하고 있을 때였다. 나는 벤치에 앉아 쉬고, 아내는 계속 걸어가니까 강아지가 나는 본체만체하고 아내를 따라가는 것 아닌가. 그래서 아내에게 벤치에 앉아 있으라고 하고 내가 혼자 걸어보았다. 그런데 이번에도 이 녀석이 나를 따라오지 않고 아내 옆에 딱 붙어 있었다. 귀가할 때마다 꼬리를 치며 반기기에 내 편이라고 철석같이 믿었는데 결국 이 녀석도 아내 편이었던 것이다. 시저가 믿었던 브루투스에게 배신당해 쓰러지며 남긴 말이 떠올랐다. '강아지, 너마저…….' 인정하고 싶지 않지만 안타깝게도 이 시대의 아버지는 무척이나 외로운 존재임에 틀림없다.

영국문화원이 비영어권 102개국의 국민 4만 명을 대상으로 가장 아름다운 영어 단어를 조사한 결과, 1위가 어머니(mother)였다. 그 뒤를 이어 열정(passion)과 미소(smile)가 각각 2위와 3위를 차지했으며, 사랑(love)은 4위, 평화(peace)는 11위였다. 그렇다면 아버지(father)는 몇 위였을까? 안타깝게도 아버지는 70위 안에 포함되지 못했다.

이렇듯 아버지라는 존재는 동서양을 막론하고 어머니만큼 인정받지 못한다. 아버지는 어머니 못지않게 자식에게 애정을 갖고 헌신하지만 부정과 극복의 대상이 되거나 아니면 가족의 철저한 무시 속에서 외톨이로 남게 되는 경우가 많다. 보통 가족의 생계

82

를 책임지고 있는 아버지들은 자신이 하고 싶은 일이 있어도, 언제나 먼저 해야 할 일의 뒤로 미뤄 놓기 마련이다. OECD 국가 중 가장 일을 많이 한다고 알려진 우리나라의 근로자들은 거의 하루 종일 일에 매여 지낸다. 게다가 언제 구조조정의 소용돌이에 휘말릴지 몰라 항상 가슴을 졸이며 살아야 한다. 사회생활을 오랫동안 해서 친구가 많을 것 같지만 그렇지도 못하다. 일 때문에 이해관계로 맺어진 관계는 진정한 친구로 남기 어려운 법이다. 그동안 일만 하느라 친구들과도 멀어져 고민을 솔직히 터놓고 의논할 사람도 마땅찮다.

아이들에게 비친 아버지의 모습도 문제다. 사춘기 무렵의 자녀에게 비치는 아버지의 모습은 대개 부정적인 이미지이다. 청소년에게 '아버지' 하면 떠오르는 것이 무엇이냐 물었더니 1위가 큰소리치는 사람, 2위가 술 마시는 사람, 그 뒤로 TV 보는 사람, 잠자는 사람이라고 대답했다. 예전에는 아버지가 집안의 가장으로 위상이 높았지만 요즘은 그렇지 못하다.

아버지라고 왜 고민이 없겠는가? 과도한 업무, 실업에 대한 공포, 직장 내 인간관계에서 받는 스트레스, 자녀와의 대화 단절, 부모님을 잘 모시지 못한다는 죄책감, '나는 누구일까?'라는 정체성에 대한 고민까지 이루 말할 수 없는 삶의 무게를 짊어지고 있지만 다만 가장이라는 책임감 하나로 묵묵히 버텨내야 한다.

아버지들은 전쟁터 같은 직장에서 치열한 생존경쟁을 거치며 가족을 부양하는 것으로 자신들의 의무를 다했다고 생각한다. 그러나 우리가 모르는 사이에 세상이 너무 많이 변해버렸다. 이제는 남자들에게 가정에 돌아와서도 흠잡을 데 없는 자상한 남편이자 아버지가 되기를 바라는 것이다. 바람처럼 모든 것이 완벽하면 좋겠지만 실상 그 모든 것을 해내기는 쉽지 않다. 이렇게 시대 변화에 적응하지 못한 남자들은 자신의 고민을 쉽게 꺼내지 못하고 쌓아만 놓다가 결국 우울증에 걸리기도 한다. 나이 들어 직장에서 내몰리고, 가정에서도 자리를 잃은 우리 시대 아버지들의 이야기에 귀 기울이려는 노력이 아쉬운 요즘이다.

나는 너와 통하고 싶다

남편과 아내, 둘 중 한쪽이 먼저 죽으면 나머지 배우자의 삶은 어떻게 될까? 어느 연구기관의 조사에 의하면 혼자 남은 남편은 대부분 3년 이내에 사망한다고 한다. 이와 달리 혼자 남은 아내는 자신의 남은 수명을 다 누린다. 이 결과는 대다수의 남편들이 노후에 상당 부분 아내에게 의지해 살지만, 아내의 남은 인생은 남편의 존재 유무와는 상관없다는 것을 보여준다. 중년 남성에게 필요한 것 세 가지를 꼽자면 첫째가 아내, 둘째가 처, 셋째가 집사람이라는 우스갯소리가 있다. 그렇다면 중년 여성은 뭐가 필요할까? 첫째가 건강, 둘째가 돈, 그리고 셋째가 딸이란다.

딸이라니? 건강과 돈은 이해하겠는데 딸은 잘 모르겠다. 그렇다면 남자는 아들이 필요하지 않을까? 그렇지 않다. 남자는 보통 아들하고 살갑게 이야기를 나누지 못한다. 둘은 서로에게 편한 대화상대가 되지 못하기 때문이다. 그러나 엄마와 딸의 관계는 다르다. 우선 둘의 관심사가 같다. 드라마 하나를 보더라도 서로 할 말이 넘치고, 나이 차이가 무색하게 함께 쇼핑을 즐기기도 한다. 딸이 결혼을 하더라도 달라지는 것은 없다. 도리어 살림 노하우를 주고받으며 점점 더 서로를 이해하는 폭이 넓어진다. 우리 집 같은 경우도 아내와 딸은 하루도 빼놓지 않고 서로 통화하거나 문자메시지를 주고받는다. 엄마에게 딸은 영원한 친구이자 대화 상대인 것이다. 가끔은 아내가 부럽다. 나도 아내처럼 그런 친구가 있었으면 좋겠다.

남녀가 부부의 연을 맺고 오랜 시간 살더라도 서로 소통이 되지 않는 것은 어쩔 수 없는 사실이다. 오히려 나이를 먹으면 고집이 늘다 보니 젊었을 때보다 더 소통이 어려워진다. 여자들은 식당이나 미장원에서 작은 화제를 갖고도 오랫동안 수다를 즐긴다. 그러나 남자들이 그렇게 모여서 수다를 떠는 모습은 찾아보기 어렵다.

그렇다면 남자들은 아예 이야기하기를 싫어하는 존재일까? 그렇지 않다. 단지 이야기를 나누는 것에 서툴 뿐이다. 의외로 남자들은 사람들 앞에서 혼자 떠드는 것을 좋아한다. 그러나 남자들에게는 자신의 이야기를 진지하게 들어주는 상대가 없다. 고생했던 젊은 시절의 추억, 직장 승진에서 탈락한 억울함, 은퇴를 눈앞에 둔 자괴감, 자신의 희생을 몰라주는 가족 이야기까지……. 남자들도 할 이야기가 참 많다. 그들도 이런 마음속 이야기들을 아이들이나 아내에게 들려주고 싶다. 그러나 문제는 아이들이나 아내가 듣고 싶어 하지 않는 데 있다. 오히려 지난 이야기는 지겹다며 핀잔을 준다. 사정이 이렇다 보니 아버지 입장에서는 은근히 화도 나고 우울해진다. 그리고 결국 마음의 문을 닫게 된다.

내 이야기를 들어줄 사람은 어디 있을까? 갈대밭에서 "임금님 귀는 당나귀 귀"를 외쳤던 사람의 심정을 알 것도 같다. 사람들은 늘 누군가와 소통하고 싶어 한다. 나를 가장 잘 이해하고 내 이야기를 들어줄 사람은 배우자가 아닐까?

어느 날 아내와 차를 마시다가 문득 이런 질문을 던졌다.

"당신은 나에게 어떤 말이 가장 듣고 싶소?"

잠시 말이 없던 아내는 "다른 사람에게 없는 장점이 많다는 이야기를 듣고 싶어요"라고 했다.

아내에게는 다른 사람이 갖고 있지 못한 장점이 많다. 하지만 그동안 내 칭찬이 너무 부족했던 것은 아닌지 순간 나 자신을 돌아보고 있는데 이번엔 아내가 내게 물었다.

"당신은 어떤 이야기를 듣고 싶어요?"

나는 "그동안 가족을 위해 노력해준 것이 고맙다는 말이 듣고 싶어"라고 했다. 어쩌면 이 말은 모든 남편과 아버지가 듣고 싶은 말이 아닐까? 사실 아내나 나나 표현만 다를 뿐 같은 이야기를 듣고 싶어 한다는 생각이 든다. 서로에게 인정받고 싶은 것이다.

우리는 머리로 생각을 하면서도 그 생각을 입 밖으로 표현하는 데는 인색하다. '굳이 이야기를 하지 않더라도 상대가 내 마음을 알겠지'라고 생각하는 것이다. 물론 이야기를 듣지 않더라도 상대의 마음을 느낄 수는 있을 것이다. 그러나 그런 말을 직접 들으면 더 기쁘지 않을까? 물론 상대에게 좋은 말을 건네는 당사자도 기분이 좋아진다. 사실 그렇게 어려운 일도 아니다. 부부끼리라도 생활 속에서 서로 격려하는 말을 좀 더 자주 해야겠다.

부부가 대화를 나누는 시간은 얼마나 될까?

한집에서 매일 얼굴을 마주 보며 사는 부부가 서로 대화를 나누는 시간은 얼마나 될까? 독일의 한 통계자료에 따르면 하루 평균 9분 정도 배우자와 이야기를 나눈다고 한다. 하루가 24시간이란 걸 생각하면 정말 짧은 시간이다. 우리나라의 경우는 어떨까? 아마 적으면 적었지 그들과 크게 다르지 않을 것이다. 그저 막연히 부부라는 이유만으로 서로를 잘 알고 있다고 생각하지만 막상 들여다보면 그렇지도 않다. 이런 가운데 부부관계에서 서로 오해가 싹트게 된다.

가톨릭에서 하는 교육 프로그램 중에 'ME'라는 프로그램이 있다. 결혼한 지 3년 이상이 된 부부가 각 지역에 있는 공간에 2박 3일간 머물며 필담으로 서로의 생각을 나눈 후에 마지막에는 그 내용을 바탕으로 대화를 나누는 프로그램이다.

나도 오래전에 그 프로그램에 참가했다. 아내가 신청을 한 지 거의 1년 만에 교육에 참여할 기회가 왔다. 처음엔 별다른 생각

없이 참가했는데 교육을 통해 우리 부부 사이에 심각한 문제가 있음을 발견했다. 그동안 서로 상대방을 잘 이해하고 있다고 생각했는데 그게 다 착각이었던 것이다. 우리 부부 문제의 원인은 대화의 부재였다. ME 교육을 받으면서 울기도 했다. 그것은 '왜 나를 이해해 주지 못하나' 하는 야속함과 '내가 너무 무관심했구나' 하는 미안함이 모두 깃든 눈물이었다. 꼭 가톨릭을 믿지 않더라도 결혼한 지 어느 정도 시간이 경과한 부부들에게는 한번쯤 ME 프로그램에 참여해 볼 것을 권하고 싶다.

ME 프로그램 수료 이후 나는 될 수 있으면 아내와 시간을 공유하려고 노력한다. 제일 먼저 한 일은 같은 취미생활을 시작한 것이다. ME 프로그램을 함께 수료한 부부들에게도 참여할 것을 제안해 여러 부부가 함께 사물놀이 수업을 들었다.

한번은 성당 바자회가 있는 날이었다. 문득 가족이 함께 그곳에서 사물놀이를 하면 어떨까 하는 생각이 들었다. 막내는 고등학교에서 국악 동아리 활동을 하고 있었기 때문에 이미 우리 부부보다 월등히 실력이 높았고, 큰애는 대학에서 음악을 전공했으니 국악을 하지 않았더라도 북으로 장단 정도는 맞춰줄 수 있으리라는 생각이었다. 부랴부랴 바자회 하루 전날 가족끼리 집에서 연습을 한 후, 다음 날 바자회가 열리는 운동장 한쪽 구석에서 사물놀이 몇 곡을 연주했다. 그랬더니 많은 사람들이 다가와 공연을 구경하기 시작했다. 한 가족으로 이루어진 팀이라고 소개하니 부러워하는 사람도 있었다. 공연 성과는 기대 이상이었다. 무엇보다도 가족끼리 끈끈한 정을 나눌 수 있어서 좋았다.

  남자들은 은퇴 후에 아내와 많은 시간을 가져야겠다고 결심하지만 생각처럼 쉬운 일은 아니다. 서로 공통된 관심사가 없기 때문이다. 그래서 나는 부부가 함께할 수 있는 취미활동을 시작해 보라고 권하고 싶다. 취미활동을 같이 하면 자연적으로 이야기를 나눌 수 있는 기회가 많아지고, 함께 시간을 보낼 일도 늘어나게 될 것이다.

  통계청 발표에 따르면 우리나라 50대 이상의 이혼율이 7년째 증가 추세라고 한다. 그러나 사실 이혼을 한다고 해서 노후의 삶이 더 나아지리란 보장은 없다. 부부 사이에 거의 모든 문제는 대화의 부재에서 시작된다. 황혼이혼을 결정하기에 앞서 한 번이라도 부부간의 문제를 풀어보려는 노력을 해 봐야 하지 않을까? 은퇴 후 배우자와의 행복한 인생을 꿈꾼다면 먼저 상대를 존중하고 이해하려는 노력이 필요하다. 그리고 그 노력의 시작에는 부부간의 대화가 우선되어야 할 것이다.

두 남자의 우정 이야기

그날은 방송국에서 책을 읽어 주는 날이었다. 그때 읽은 책은 《뉴욕타임스》의 칼럼니스트 밥 그린이 쓴 『친구에게 가는 길』이었다. 그는 소시민의 자전적 이야기나 실화를 재구성한 논픽션을 써서 많은 사랑을 받고 있는 작가이다. '두 남자의 평생 우정 이야기'란 부제가 붙어 있는 『친구에게 가는 길』은 저자의 실제 경험을 토대로 한 남자들의 진한 우정을 담고 있다.

내용을 간추리면 이렇다. 어려서부터 같이 자랐던 밥과 잭, 앨런 세 친구는 어느덧 50대가 되었다. 어렸을 땐 친구와의 관계가 일상의 모든 것을 지배했지만 나이를 먹고 사회에 진출하면서 다른 일에 종사하다 보니 그 관계가 예전 같지는 않다. 각기 다른 곳에서 다른 사람과 관계를 맺다 보니 오랜만에 만나서도 왠지 분위기가 어색하고 대화가 겉돌 때가 많았다. 그러던 어느 날 한 친구가 아내와 사별하고, 또 다른 친구는 암으로 투병생활을 하게 되면서 그들의 진한 우정이 다시 표면 위로 올라오게 된다. 밥이 아내를 잃고 깊은 상심에서 헤어나지 못하고 있을 때 잭에게서 전화가 왔다.

"오늘 아침 첫 비행기를 탔네. 자네가 아무도 만나고 싶지 않으리란 걸 알아. 상관없네. 방금 호텔에 들어왔어. 계속 여기 있을 테니까 내가 자넬 위해 할 일이 있다면 언제라도 연락하게. 네가 원하면 어떤 것이라도 할게. 죽은 듯이 있으라면 그렇게 하겠어. 여하튼 자네가 연락할 때까지 여기에 있겠네."

잭은 이렇게 말하곤 전화를 끊었다. 당시 잭은 자영업에 종사하고 있어 한시도 자리를 비울 수 없는 사람이었다. 그러나 그는 모든 일을 제쳐두고 밥에게 달려왔다. 잭은 친구에게 할 수 있는 일은 같은 하늘 아래 있어 주는 것이라는 생각으로 밥이 도움을 청하면 언제든 달려갈 수 있는 거리까지 온 것이다. 그리고 친구 곁에서 함께 슬픔을 나누었다.

이후 밥은 친구 앨런에게 전화를 받게 된다. 잭의 건강이 좋지 않다는 소식이었다. 직감적으로 심상치 않음을 깨달은 밥은 앨런과 함께 만사를 제쳐두고 잭에게 달려갔다. 그렇게 다시 모인 밥과 잭, 앨런 세 친구는 함께 어릴 적 이야기를 나누고 추억의 장소를 다시 찾아가기도 했다.

그렇게 시간이 흘러 결국 잭은 죽고 만다. 밥은 잭의 장례식에서 조사를 맡았지만 특별한 준비는 하지 않았다. 그에게는 잭과 함께한 50년의 추억만으로도 충분했기 때문이다. 그리고 밥은 이미 사망한 잭 앞에서 그들만의 대화를 나눈다.

'여보게 잭, 얼마 전에 댄을 만났는데 그가 마을 축제의 감독관이 되었다네. 그 소식 못 들었지?'

밥은 잭과 마음속 대화를 나누면서 잭이 그 소식을 들었다면 정말 즐거워했을 것 같다는 생각이 들었다. 바로 그 순간 밥은 깨달았다. 잭이 알면 기뻐할 이야기들이 밥의 남은 삶에서도 계속 이어질 것이고, 그 즐겁고 아름다운 일들을 잭 없이 겪어야 한다는 것을 말이다.

방송국 스튜디오에서 책을 읽어 내려가다가 나와 비슷한 일을 겪은 그들의 이야기에 눈시울이 뜨거워졌다. 결국 잭이 죽은 뒤 밥이 그를 회상하며 나눈 대화에 이르러서는 예상치 못한 방송사고가 났다. 목이 메어 더 이상 책을 읽을 수가 없었던 것이다.

누구에게나 잭과 같은 친구가 있을 것이다. 나 역시도 그렇다. 내 친구도 잭처럼 50대 초반에 간암으로 사망했다. 내가 강남구청의 초청으로 강남구민회관에서 친구들과 연주를 할 때 그도 왔었다. 함께 음악을 했던 터라 다음엔 같이 공연하자는 이야기도 나누었다. 그 당시 그는 가끔 허리가 아파 정형외과에서 치료를 받고 있다는 말을 했다. 나는 그 말을 그저 '나이 탓이겠거니' 하며 흘려들었다. 그런데 얼마 후 다른 친구에게서 전화가 왔다. 그가 말기 암에 걸려 병원에 입원해 있다는 것이다. 허리통증은 암이 척추에 전이되어 나타난 증상이었음을 나중에야 알게 됐다는 것이다. 나는 곧바로 그를 찾아갔다. 처음 입원할 때만 해도 침대에 걸터앉아 얼른 나아서 음악을 같이 하자는 이야기를 나눴는데 금세 병이 깊어져, 급기야 그는 몸조차 움직이기 힘겨워했다. 그리고 입원 후 세 달을 버티지 못하고 죽음을 맞았다. 안타깝게도 나는 잭과 친구들이 보냈던 것과 같은 시간을 그와 보내지는 못했다.

세월이 흘러 그 친구의 아들이 결혼하는 날이 다가왔다. 나는 결혼식에 참석해서 그 아이를 축하해 주었다. 그리고 밥이 그랬던 것처럼 한쪽 구석에 서서 친구에게 말을 걸었다.

'여보게, 자네 아들이 결혼을 한다네. 어리기만 했던 그 아이가 벌써 이렇게 커서 한 가정을 꾸렸다네.'

우정이란 무엇일까? 사전적 정의는 친구 사이의 정이다. 친구는 가깝게 오래 사귄 사람, 정이란 사랑이나 친근함을 느끼는 마음이다. 그런데 '친구'에 대한 정의가 꼭 필요할까? 아무 이유 없이 문득 떠오르는 사람, 내 이야기를 함께 나누고 싶은 사람이 있다면 그 사람은 우리에게 어떤 의미로든 소중한 친구일 것이다. 문득 그런 친구가 보고 싶어진다.

남자들, 탈출을 모의하다

오래전부터 친구들과 정기적으로 갖는 독서모임이 있다. 한번은 독서모임에서 『길들이는 여자들 길들여진 남자들』이라는 책을 선택해 독서토론을 한 적이 있다. 제목을 보면 『화성에서 온 남자 금성에서 온 여자』의 시리즈가 아닐까 싶겠지만 내용은 전혀 다르다. 독일에서 처음 이 책이 출간되었을 때 엄청난 항의가 쏟아졌다고 한다. '여자는 남자를 부리고, 남자는 여자를 위해 일을 하는 노예'라는 주장을 담고 있기 때문이다.

저자는 일반적인 페미니스트들의 주장과는 달리 여성이 남성으로부터 착취당하는 것이 아니라, 남성이 여성에게 착취당한다고 주장한다. 여자는 남자로 하여금 여자를 위하여 일하고, 여자를 위해 사고하며, 여자를 책임지도록 만드는데, 막상 남자는 자신이 여자의 조종을 받고 있다는 사실조차 모른다는 것이다.

이쯤 되면 분명히 저자가 남자일 것이라고 추측하겠지만 놀랍게도 저자는 여자이다. 『길들이는 여자들 길들여진 남자들』의 저자인 에스테 빌라는 아르헨티나에서 태어난 독일계 이민자로 주로 독일에서 활동했다. 사회학을 전공했으나 의사, 수필가, 희곡 작가로도 활동했다. 혹자들은 에스테 빌라가 일하는 직장인이었으니 가정주부의 어려움을 이해하지 못한다고 할 수도 있을 것이다. 그러나 그녀는 직장과 가정 두 가지 일을 병행했다. 그리고 직장의 업무에 비하면 가정주부가 하는 가사노동은 그야말로 일 같지도 않은 일이라고 폄훼한다. 그런데 보통 남자들은 여자가 가사를 꾸리고 아이들을 양육하느라 몹시 힘이 들 거라고 생각하고, 그런 여자를 위해 일터에서 더욱 열심히 일을 한다는 것이다. 저자는 심지어 여자들이 남자의 외도를 원하는데 그것은 외도를 묵인해주는 데 대한 미안함을 이용해 부차적인 이익을 챙길 수 있기 때문이라는 주장도 한다.

또한 저자는 여자가 기사도라든가, 매너라는 개념을 만들어 남자로 하여금 여자를 위해 기꺼이 희생하도록 하고 있다고 주장한다. 예를 들어 남자가 친구를 만나러 길을 가던 중 여자가 길 옆에 차를 세우고 가만히 있는 모습을 보면 스스로 그 차 뒤에 자기 차를 세우고 이렇게 말을 건넨다.

"펑크가 났나요?"

그럴 때 여자는 대꾸를 하지 않고 그저 난처한 미소만 보이면 된다. 그러면 남자가 흙먼지를 옷에 묻혀 가며 타이어를 교체해준다. 그러고는 이마의 땀을 훔치면서 스스로 만족한 웃음을 짓는다.

"다 되었습니다. 다음부터 조심하세요."

여자는 미소 지으며 떠나고 남자는 약속시간에 이미 늦었지만 크게 걱정을 하진 않는다. 그저 오다가 그런 일이 있었다고 친구에게 자랑스레 이야기하면 그만이기 때문이다.

저자의 주장에 맞는 조금 더 극단적인 예를 들자면 타이타닉호 사건을 떠올릴 수 있다. 타이타닉호가 침몰할 때도 보트가 부족하자 남자들은 여자들을 먼저 태우고 자신들은 죽음을 감수했다. 얼마 전 우리나라에서도 비슷한 일이 있었다. 부산을 떠난 여객선에 불이 나자 남자들은 여자들을 보트에 먼저 태우고 자신들은 바다에 몸을 던졌다. 다행히 모두 구조되었지만 생명을 잃을 수도 있는 선택이었다.

저자의 주장은 여기서 그치지 않고 어린 시절의 교육까지 지적한다. 남자들은 어릴 때부터 아버지에게 레고를 조립하며 이것저것 일을 처리하는 법을 배우고, 여자들은 인형놀이를 하며 어머니에게 남자를 조종하는 법을 배운다는 것이다. 어렸을 때부터 받은 이런 교육은 커서도 이어지게 된다. 성인이 되어서도 남자들은 일을 하기 편하게 머리를 짧게 깎고 옷도 넉넉하게 입으며 심지어 손톱도 짧게 깎는다. 반면 여자들은 일을 할 필요가 없으므로 머리도 길게 기르고 치마를 입으며 손톱도 길게 손질한다. 남자들은 여자의 가사 노동을 줄여주기 위해 부단히 노력한 끝에 냉장고나 세탁기 같은 기계를 만들어 여자들에게 선사한다. 그러면 여자들은 더욱 한가해진 시간에 쇼핑을 하며 인생을 즐긴다.

남자들이 여자들에게 가치 있는 노예가 되려면 몸이 튼튼하고 일도 잘해야 한다. 현대사회에서 일을 잘한다는 건 돈을 많이 번다는 뜻이다. 그래서 미혼 여성들이 신랑감을 고를 때 1순위가 경제력이다. 그녀들은 남자의 외모 따위에는 관심이 없다.

저자는 책의 마지막 장에서 이렇게 결론을 맺는다.

> "여자 없이 존재할 수 없게끔 여자가 남자를 길들여 놓았기 때문에 남자는 여자의 요구라면 뭐든지 다 듣는다. 그는 삶을 위해 투쟁하며 그것을 사랑이라 부른다. 사랑은 여자에게는 권력을, 남자에게는 굴종을 의미한다. 사랑 때문에 여자는 자기에게 이득이 돌아오는 행동을 하고, 남자는 스스로 손해 보는 짓을 한다. 결혼하고 난 뒤 여자는 사랑 때문에 더 이상 일하지 않고, 남자는 사랑 때문에 두 사람 몫을 일한다. 사랑은 그 둘 모두에게 생존을 위한 투쟁이다. 그러나 한쪽은 승리를 통해, 다른 한쪽은 패배를 통해 생존한다."

나와 친구들은 책을 다 읽고 기분이 묘해졌다. 저자의 주장에 전부 동의하는 것은 아니지만 어느 정도 일리가 있다는 생각이 들기 시작했다. 하긴 요즘 전과 달라진 아내의 행동을 생각해 보니 저자의 주장에 절로 고개가 끄덕여졌다. 우리는 오랫동안 의견을 나눈 끝에 우선 노예의 삶에서 탈출하기로 결의했다. 각자 한 가지씩 아이디어를 내니 다음과 같은 네 가지 의견이 모아졌다.

1. 지금까지는 흉내만 냈지만 이제부턴 어려운 이웃이나 우리 사회를 위해 온몸을 던져 봉사하겠다.
2. 평소 관심을 갖고 있던 분야에 전념해 탁월한 연구까지는 아니더라도 최소한 어떤 흔적을 남기겠다.
3. 이것저것 욕심을 덜어내고 초야에 묻혀 수도자와 같은 생활을 하며 살겠다.
4. 꼭 무엇이 되려 하지 않고 그저 주어진 역할에 감사하며 즐겁게 삶을 살겠다.

물론 앞으로 우리가 각자 어떤 길을 걸어갈지는 모두 가치관이 다르니 좀 더 두고 봐야 할 것이다. 그리고 우리가 가고자 하는 길이 다 쉬운 것도 아니다. 이러다 그냥 주저앉게 되는 것은 아닐까 조바심이 나기도 한다. 우리 속에는 변화를 싫어하고 그냥 현실에 안주하고 싶어 하는 노예근성이 꿈틀거리고 있지 않은가.

살아갈 날을 위한 공부

　　요즘 이런저런 생각이 많이 든다. 그저 계절 탓은 아니다. 언제부턴가 하나둘 친구들이 쓰러지고, 믿기지 않는 그들의 임종과 마주하였기 때문이다.

　　나는 지금까지 잘 살아온 것인지, 그냥 이렇게 살면 되는 것인지, 만약 아니라면 앞으로 어떻게 살아야 하는 것인지……. 정리되지 않고, 답도 없는 생각들이 좀처럼 머릿속에서 떠나질 않는다. 심란한 마음에 한 친구에게 이야기를 털어놓으니 그냥 살라고 한다. 그냥 살라고? 어쩌면 결국 그게 정답일지도 모른다.

　　사실 일전에 천주교 장익 주교와 인터뷰를 하던 기자들이 젊은 이들을 위해 한 말씀 해달라고 부탁을 드린 적이 있었다. 장 주교께선 잠시 생각하더니 어느 스님의 말씀을 그냥 전하겠다고 하면서 "그냥 살라"는 말씀을 하셨다. 여기서 어느 스님이란 조계종 종정을 지낸 바 있는 서암 홍근 스님인데 그분도 돌아가시기 전에 바로 이 말을 제자들에게 남겼던 것이다. 그러니 '그냥 살라'

는 말은 그저 한 말이 아니고 오랫동안 삶을 경험하며 얻은 지혜라고 할 수 있다.

그런가 하면 어떤 친구는 우리 세대는 90세까지 살 것이라며 아직도 의욕이 대단하다. 물론 그럴 수도 있을 것이다.

이렇게 생각이 많다 보니 가끔은 답답하고 우울할 때도 있다. 아마 건강이 좋지 못한 탓도 있을 것이다. 아내에게 이런 속 이야기를 어렵게 꺼냈더니 대뜸 "당신이 왜 우울해, 내가 우울하면 몰라도"라고 한다. 아니, 남자는 우울할 수도 없는 건가? 여자들은 갱년기가 되면 호르몬의 변화로 우울해진다고 한다. 그러나 정신과 의사들의 이야기로는 남자들이 더 심하다고 한다. 몸의 변화뿐만 아니라 은퇴 이후에 소속감의 부재 같은 물리적 환경의 변화를 겪기 때문이다. 다만 남자는 아프다는 얘기를 하지 않다 보니 문제가 없는 걸로 오해를 한다.

수피 족은 몸이 아프면 의사를 찾기보단 먼저 그 병을 앓았던 사람을 찾아간다. 그 사람의 경험담을 듣고 어떻게 대처할 것인지 판단하기 위해서이다. 지식은 공부를 통해 얻을 수 있지만 지혜는 그럴 수가 없다. 지혜는 경험과 통찰을 통해서만 얻을 수 있기 때문이다. 어른들의 말씀에 귀를 기울여야 하는 까닭이 바로 이것이다.

적지 않은 나이의 나도 때로는 지혜를 얻기 위해 나보다 연배가 높은 분들께 조언을 구한다. 이미 세상을 떠난 분들의 책을 보며 간접적으로 그분들의 지혜를 배우기도 한다. 그들 중 한 분이 톨스토이다. 톨스토이의 『참회록』을 보면서 제도권 종교에 대한 실망, 젊은 시절에 대한 후회, 자살을 생각했던 기억, 꿈속에서 느꼈던 신비한 체험 등 내가 했던 고민, 생각들과 유사한 점을 발견할 수 있었다. 그래서 요즘은 『어떻게 살 것인가』, 『인생이란 무엇인가』 같은 톨스토이의 다른 책도 읽고 있다.

원래 가장 가까운 사람으로부터 가장 많은 스트레스를 받는 법이다. 톨스토이도 예외가 아니었다. 톨스토이는 귀족이었지만 사회주의자이기도 했다. 그는 이런 사상 때문에 아내와의 사이가 원만하지 못했고, 아들과는 저작권을 사회에 기증하는 문제로 갈등을 빚었다. 오랜 세월 아내와의 의견 차이로 힘들어하던 그는 결국 말년에 집을 떠난다. 그것도 새벽에 아무도 모르게 떠나면서 아내에게 나는 당신을 원망하지 않으니 당신도 나를 원망하지 말라는 편지를 남겼다. 가족 중 유일하게 아버지의 생각을 이해했던 딸 사샤만이 톨스토이를 따라 함께 떠났다. 그러나 그들의 여행은 오래가지 못했다. 톨스토이의 폐렴이 악화되었기 때문이다. 결국 그는 집을 떠난 지 10일 만에 철도 간이역인 아스타포보에서 "나는 진리만을 사랑했다"는 유언을 남기고 사망한다. 남자들은 가끔 동굴 속에 칩거하고 싶어 한다. 그럴 때면 아무도 만나지 않고, 마냥 혼자 있고 싶다. 살다 보면 왜 그럴 때가 없겠는가. 아마 톨스토이도 그랬을 것이다.

톨스토이가 소설 쓰기를 그만두고 명상을 통해 쓴 글을 모아 펴낸 『살아갈 날들을 위한 공부』라는 책이 있다. 톨스토이는 자신의 사상적 동지였던 체르트코프에게 살면서 가장 필요하고 유익한 내용을 담은 모음집을 만들 것이라며 이 책에 대한 집필계획을 밝혔다고 한다. 말년에 톨스토이는 가족과 가까운 친구들에게 이 책을 읽을 것을 권했다. 나도 그 책을 통해 많은 것을 느끼고 생각하게 되었다. 앞으로 가야 할 길이 잘 보이지 않을 땐 먼저 경험한 사람들에게 귀를 기울이는 것도 좋은 방법이다.

"타인에게서 자신과 똑같은 영혼을 발견할 때 우리는 긴 잠에서 깨어난다. 우리는 모든 사람, 모든 생명체와 하나이다. 그러니 사람뿐 아니라 모든 생명에 대해서도 우리 자신이 대접받고 싶은 대로 대해야 한다."

— 톨스토이의 『살아갈 날들을 위한 공부』 중에서

옳다고 생각하는 길로 묵묵히

　　　　　　　　　　오래전 모 정부투자기관에 있는 후배가 찾
아와 회사를 그만두어야겠다는 말을 했다. 그곳은 많은 사람들이
선망하는 소위 신의 직장이라고 불리는 곳이었다. 그동안 그곳은
다른 회사와 달리 자의에 의하지 않고는 그만둘 일이 없는 곳으
로 알려져 있었는데 드디어 구조조정을 하나 싶었다. 그런데 알
고 보니 온전히 자의로 그만두겠다는 결심을 한 것이었다.

　요즘처럼 어려운 시기에 그의 결심이 의아하기도 했지만 짐작
되는 바가 없지 않았다. 넌지시 퇴직 후 계획을 물었더니 강화도
에서도 다시 배를 타고 더 들어가는 섬에 조그만 집을 짓고 은퇴
하신 신부님들 중 생활이 어려운 분들을 모시고 살겠다는 답이
돌아왔다. 그러면서 피정의 집으로 활용하면 더 좋겠다고 했다.

　나는 뜻은 좋지만 어린 자녀도 있으니 다시 생각하든가 아니면
몇 년이라도 계획을 미루면 어떻겠냐며 만류했다. 그랬더니 2년
전에도 같은 생각을 했지만 주변 사람들이 모두 말리기에 직장생

활을 계속 했는데 자신은 그 시간이 너무 힘들었다고 한다. 정서에 맞지 않는 일을 월급을 받기 위해서 한다는 게 무척 어려웠던 모양이다. "어떻게 사람이 자기 하고 싶은 일만 하고 사냐? 어떤 때는 하기 싫어도 어쩔 수 없이 해야지" 하고 으름장도 놓아 봤지만 후배의 의지는 확고했다.

그가 다니는 직장은 정년을 앞두고 조기 은퇴를 하면 회사에서 갈 만할 자리까지 물색해 주는 곳이었다. 직장인들에게는 요즘 같은 세상에 찾아보기 힘든 더할 나위 없이 좋은 직장이었다. 그런데 선배들이 경제적으로 그렇게 어렵지 않은데도 불구하고 동료들보다 더 좋은 자리로 가기 위해 욕심을 내는 것을 보고 있자니 자기도 계속 있다가는 저렇게 되겠다 싶은 생각에 50세가 되는 해에 결단을 내렸다는 것이다.

사실 전에도 그와 앞으로 우리에게 남아 있는 삶에 대해 이런저런 이야기를 나눈 적이 있었다. 염려되는 마음이 없던 것은 아니지만 이제는 받기보다 주는 삶을 살겠다는 후배의 각오를 들으니 더 이상 만류할 수가 없었다. 그리고 마지막으로 "그럼 아이들 교육은 어떻게 할 거야?"라고 물으니 그곳도 다 사람 사는 동네라 중·고교는 있다며 덤덤하게 대답했다. 남들은 아이들 교육 때문에 명문 학군을 찾아 이사까지 다닌다는데 참 신선한 충격이었다.

다시 그 후배와 통화를 했을 때는 이미 사표를 제출한 뒤였다. 그리고 그는 자신이 계획한 일에 대한 준비를 하나씩 차근차근 진행 중이었다. 먼저 자신이 혼자 관리할 수 있다고 생각한 규모의 땅 600여 평을 매입하고 추후 일정을 짜고 있다고 했다. 사실 퇴직을 결심하고도 사표를 내기까지 두려운 마음이 없었던 것은 아니지만 이제는 마음이 편하다는 후배의 밝은 목소리가 수화기 너머로 전해져 왔다.

오래전 직장 상사가 들려준 이야기도 이와 흡사했다. 의대를 졸업하고 의사의 길을 걸었던 친구가 나이 60이 되자 재산을 정리해서 반은 가족에게 주고 반은 사회복지시설에 기부한 뒤 본인도 그곳에 내려가 평생 의료봉사를 하고 있다는 것이다.

자산 12억 달러에 이르는 배스킨라빈스의 유일한 상속자였지만 상속을 거부하고 전원에서 환경운동을 하며 살고 있는 존 라빈스의 책에서 읽었던 한 구절을 새로운 길을 가기로 결심한 그분과 나의 후배에게 들려주고 싶다.

> "당신은 내가 그 사람을 내 마음에 고이 모셔두는 이유를 아는가? 내가 그를 영웅으로 생각하는 이유를 아는가? 그는 앞으로 어떤 삶이 전개될지 분명하지 않은 상태에서 위험을 무릅쓰고 자신의 영혼을 파괴하는 행동에서 과감하게 탈출한 사람이다. 그는 자신의 삶이 잘못된 것이라 판단한 후 그것을 버리고 옳다고 생각하는 길로 접어든 사람이다."
>
> — 존 라빈스의 『음식혁명』 중에서

두드려라 열릴 것이다

　　　　　　　　　가지 못한 길에 대한 아쉬움은 세월이 갈수록 커지는 듯하다. 직장생활을 하다 보니 내가 공부했던 경제학은 학자가 되지 않을 것이라면 굳이 전공할 필요가 없었다는 생각이 들었다. 그러면서 '대학 다닐 때 차라리 건축학을 전공했다면 어땠을까' 하는 아쉬움이 머리에서 떠나질 않았다. 어찌 보면 건축가는 남의 돈으로 자기 작품을 만드는 매력적인 직업이다. 그러나 실은 그보다 그저 내가 좋아하는 건물을 하나 짓고 싶다.

　사회생활을 하며 동시에 건축학 공부를 본격적으로 할 수는 없었다. 내가 할 수 있는 일이라곤 그저 가끔 서점에서 건축학 관련 책을 사 보며 아쉬움을 달래는 것뿐이었다. 그리던 이느 날 출근길에 목조건축과정 학생을 모집한다는 현수막이 눈에 띄었다. '바로 저거다!' 싶은 마음에 망설임 없이 전화번호를 메모했다가 바로 다음 날 찾아갔다.

　알고 보니 모 대학교 디자인대학원에서 개설한 특별과정이었다. 담당 지도교수를 만났는데 캐나다에서 오랫동안 건축 활동을 한 분이었다. 나는 지도교수와 차를 마시며 건축에 관한 여러 이야기를 나누었다. 그분은 캐나다 주택공사에서 20년 이상 근무하였고 우리나라에 목조건축을 보급하겠다는 생각으로 교과 과정을 개설한 것이었다. 한동안 이야기를 나누다 주말부터 시작하는 과정에 참여하고 싶다고 했더니 이번 과정은 마감된 상태라 곤란하다며 다음 학기에 등록하라고 했다.

일단 그렇게 집에 돌아왔지만 아무래도 몇 달을 더 기다릴 수 없겠다는 생각이 들었다. 고민 끝에 일단 청강이라도 해 보자고 결심했다. 그래서 개강하는 날 무작정 학교에 찾아가 강의실 맨 뒷자리에 자리를 잡았다. 그런데 나를 알아본 지도교수는 이미 안 된다고 분명히 말했는데 왜 참석을 했냐며 버럭 화를 냈다. 그러더니 수강생들에게 오늘 정원 외로 참석한 나를 강의에 받아주어도 좋을지 결정해달라고 의견을 물었다. 우여곡절 끝에 수강생들의 찬성으로 나는 그 수업의 정원 외 학생으로 합류할 수 있었다.

수업을 듣다 보니 목조건축과정의 수강생들은 건축을 전공한 사람, 목조건축을 배워 이민을 가려는 사람, 본격적으로 건축사업을 하려는 사람 등 대부분 건축과 관련된 사업에 종사하거나 하려는 사람들이었고, 나처럼 금융권에 근무하는 사람은 한 사람도 없었다. 예상대로 목조건축과정은 무척 재미있었다. 물론 다른 수강생들과 달리 전문지식이 없다 보니 실습을 할 때에는 그저 어깨너머로 구경하는 일이 더 많았다.

과정 수료를 며칠 앞두고 지도교수가 나를 불렀다. 얼마 있으면 수료식을 할 텐데 동창회가 구성되면 나에게 회장을 맡아달라고 부탁하는 것이었다. 정원 외로 들어온 사람이 회장을 하면 되겠느냐고 웃으며 사양했다. 그리고 회장은 회원들이 선출해야지 교수가 지명하는 법이 어디 있냐고 덧붙였다. 그랬더니 여기선 그냥 지명한다며 내게 거의 강권을 했다. 정원 외 학생이 동창회장을 한다는 게 내키지 않았지만 입학할 때 그분이 눈감아 준 것도 있고 해서 마지못해 수락을 했다.

　과정을 수료하고 얼마 지나지 않아 내게 연락이 왔다. 다음 과정 입학식에서 격려사를 해달라는 것이었다. 나는 입학식에서 지난 기수에 정원 외로 들어와 이 과정을 수료한 사람이라고 인사를 하며, 여러분은 이 과정을 통해 40여 명의 든든한 동지를 만나게 될 거라는 격려의 말을 건넸다. 한동안 목조건축과정 관련 모임이 있을 때마다 참석했는데 늘 정원 외로 들어온 학생이란 사실이 화제가 되곤 했다.

　목조건축과정을 이수한 수료생들은 이후 관련 사업을 창업하기도 했고, 내가 회장을 할 때 총무를 했던 분은 파주 헤이리에 목조건축물을 짓고 갤러리를 오픈해 운영하고 있다. 나 역시 은퇴한 후에 목조건축물을 하나 지으려는 계획을 했지만 아직 꿈을 이루지 못했다. 하지만 원하던 건축 공부를 많이 할 수 있어 행복한 시간이었다. 뜻이 있는 곳에 길이 있다는 말은 바로 이런 것을 두고 하는 말이리라.

혼자 할 수 있는 취미를 배워라

은퇴 후에는 사람들과 만남의 기회가 줄면서 사회에서 맺었던 관계는 대부분 자연스레 끊어지기 마련이다. 그렇다고 살고 있는 동네에 알고 지내는 사람이 있을 리도 만무하다.

아내하고 시간을 보내려고 하지만 아내는 아내대로 이런 모임, 저런 모임에 참석하기에 은근히 바쁘다. 그동안 남편과 자식들 뒷바라지를 위해 희생했던 아내야말로 이제야 비로소 자신만의 시간을 누리고 있는 것이다. 아이들과 대화를 나눠 볼까 시도도 하지만 그게 또 그리 쉽지만은 않다. 평소 자주 그랬으면 모르는데 은퇴하고 나서야 새삼스레 그런 기회를 가지려니 아이들은 어색한 듯 뒷걸음질 친다. '좀 더 일찍 가족끼리 대화하는 기회를 가질걸……' 하고 후회를 해 보지만 이젠 너무 늦은 것 아닌가 싶기도 하다. 이것은 아마도 이 시대 은퇴한 아버지들의 공통된 고민거리일 것이다.

그래서 나는 은퇴자들에게 아예 혼자 할 수 있는 취미를 찾으라는 조언을 한다. 이를테면 악기 연주, 그림 그리기, 사진 찍기가 그것이다. 이런 취미 활동을 하다 보면 자연스레 같은 취향을 가진 사람을 만나게 되고 그곳에서 또다시 인간관계가 형성된다. 그러다 보면 그 사람들과 동호회를 조직할 수도 있다.

사람은 기본적으로 어딘가에 소속되고 싶어 하는 소속감의 욕구가 있다. 동호회에 가입하면 간접적으로 그런 욕구도 해결된다. 사회에서 맺어진 모임은 대개 보이지 않는 이해관계가 형성되기 마련이지만 동호인들은 그렇지 않기 때문에 어쩌면 더욱 친밀한 관계로 발전할 수 있을 것이다. 기회는 생각지 못한 순간에 생각지 못한 곳에서 오기 마련이다. 운이 좋다면 동호회를 통해 재취업을 하거나 창업에 관한 좋은 아이디어를 얻을 수 있을지도 모른다.

나도 음악을 좋아하는 이웃들과 밴드를 결성해 연주 활동을 한지가 벌써 10년이 넘었다. 그런데 우리 동호회와 같은 모임이 내가 살고 있는 분당에만 무려 3천여 개가 있는 것으로 추정된다. 이것은 분당에 있는 성남아트센터에서 한 대학을 통해 조사한 결과인데 구 단위 조직 중에선 전국에서 가장 많은 숫자라고 한다.

왜 이렇게 분당에 동호회가 많은 것일까? 그것은 아마도 은퇴자들이 많이 거주하기 때문일 것이다. 강남처럼 부자가 많지는 않지만 또 그렇게 가난한 사람도 많지 않은, 말하자면 고만고만

한 사람들이 분당에 많이 살고 있다 보니 아무래도 쉽게 가까워질 수 있지 않았을까? 소득 양극화가 사회 문제로 떠오르고 있는 요즘, 분당처럼 소득 수준이 고르게 분포되어 있는 곳도 드물 것이다.

성남아트센터에서는 7년 전 이런 문화예술 동호회원들에게 함께 연합회를 조직하자는 제안을 해왔다. 나도 그 취지에 찬성하며 관여하다 보니 사랑방문화클럽이라는 조직의 창립과 함께 초대 운영위원장까지 맡게 되었다. 사랑방문화클럽의 창립 이후 서로 다른 취미활동을 하던 동호인들이 어울려 팀을 조직해 봉사활동을 하기도 하고, 다른 클럽을 돕기도 했다. 예를 들면 사진동호인들은 각종 공연장을 찾아서 다른 동호회원들의 공연 모습을 찍어 주고, 미술동호인들이 전시회를 할 때는 음악을 하는 분들이 찾아가서 축하 연주를 해주는 것이다.

마침 그때 나는 분당FM에서 〈동호인클럽〉이란 프로그램을 진행하고 있었다. 프로그램 중에 여러 동호인들을 초청해 이야기를 나누고 동호회의 활동도 소개하는 기회가 많았다. 그런데 출연했던 동호회원들의 이야기를 들어 보니 동호회 활동을 통해 자신이 진정으로 원하는 것을 새롭게 발견할 수 있었다는 분들이 많았다. 또 같은 취미를 가진 사람들과 만나 관계를 맺으면서 삶에 활기를 되찾은 분들도 있었다.

일이 꼭 돈을 벌어야만 하는 것은 아닐 것이다. 어려운 이웃을 위해 자원봉사를 하는 것도 일이고, 좋아하는 것을 찾아 여러 사람들과 즐거움을 나누는 것도 일이다. 사람들에게 할 일이 있다는 건 참 중요하다.

결과적으로 사랑방문화클럽은 초등학생부터 나이 지긋한 어르신에 이르기까지 동네 사람 모두가 함께 즐기는 모임이 되었다. 2012년에는 문화체육관광부에서 주최한 지역전통문화브랜드 사업부문에서 대상인 국무총리상을 받았다. 다른 지역에서도 사랑방문화클럽을 벤치마킹하여 이런 모임이 전국으로 확대되었으면 하는 희망을 가져 본다.

클럽활동을 오래 할 수 있는 비결

　　지금부터 약 30여 년 전인 1980년대에 당시 세계 최정상이라는 '아마데우스 현악 4중주단'이 내한공연을 한 적이 있었다. 단원들은 나치수용소에서 서로 알게 된 사이인데 제2차 세계대전이 끝나자 뜻을 모아 4중주단을 결성했고, 이후 40여 년간 함께 음악활동을 해 오고 있던 것이다. 이렇게 오랫동안 원래 단원 그대로 연주 활동을 할 수 있었던 것은 음악에 대한 생각이 같아서이기도 하지만 단원들의 건강도 큰 요인이었지 않았나 싶다.

　　내한공연 당시 단원들은 이미 평균 나이가 70세에 달했다. 세종문화회관 공연에서는 하이든의 곡을 연주했는데 관객들이 모두 기립박수를 치며 앙코르를 제창했다. 그러나 앙코르 연주는 이루어지지 못했다. 고령의 단원들이 연주하는 데 최선을 다해 기력이 쇠하였고, 무엇보다 멤버 한 사람의 심장이 좋지 않아 양해를 구했기 때문이다. 그 후 이들의 소식을 들을 수 없었는데 나중에 보니 1987년에 멤버 중 비올리스트 '시들로프'가 사망하면서 팀이 해체되었다고 한다.

'아마데우스 현악 4중주단'만큼이나 장수한 팀으로는 '과르네리 4중주단'이 있다. 이들도 1964년 실내악 페스티벌에서 만나 팀을 결성한 후 40년 이상 함께 연주했다. 2001년 당시 78세인 첼리스트 소여가 고령으로 연주하기 어렵게 되자 소여의 제자 월리를 영입하였는데 월리만 제외하고 모두 70세 이상의 시니어였다.

대중음악 분야에도 장수한 팀이 있다. 수년 전 내한공연을 가진 바 있는 '브라더스 휘'와 '벤처스' 악단이다. '그린필드'로 유명한 '브라더스 휘'는 1960년에 결성한 클럽이고, '파이프 라인'으로 유명한 '벤처스' 악단도 1959년에 결성한 밴드이다. '벤처스'는 드러머인 '멜 테일러'가 1996년 사망하자 그의 아들이 멤버로 영입되어 아버지 친구들과 함께 활동하기도 했다.

안타깝게도 우리나라에는 아직 이렇게 오래된 연주단체가 없다. 중간에 멤버를 바꾸기도 했지만 '금호 4중주단'이 그래도 그중 오래 활동한 단체로 꼽을 수 있는 정도이다. 수년 전 '필하모니'란 대안문화공간을 운영할 때 S대학교 교수들로 구성된 트리오를 초청해 공연한 적이 있는데 이들은 그래도 비교적 오래 활동하고 있는 팀이었다. 그 비결을 물어보니 모두 개성이 다르고, 시간을 함께하기도 쉽지 않았지만 이렇게나마 할 수 있었던 것은 같은 학교에 있었기 때문인 것 같다고 했다.

분당 지역의 아마추어 예술인 모임 사랑방문화클럽이 결성된 지도 어느덧 7년이 되었다. 창립 당시와 비교해 보면 그동안 많은 발전이 있었다. 하지만 요즘 들어 약간 정체된 느낌이다. 우선 신규 가입하는 회원이 눈에 띄게 줄었다. 활동도 예전에 비해 다소 주춤하고 있다. 사실 클럽활동을 지속적으로 한다는 것이 그리 쉽지만은 않다. 클럽 나름대로의 사정이 있지만, 개구리가 점프를 할 땐 한껏 몸을 움츠리는 것처럼 클럽도 한 단계 도약하기 위해서는 잠시 휴식이 필요하리라 생각된다.

전문적인 연주가는 아니더라도 예술을 하는 사람들은 꽤 예민한 편이다. 서로 생각하는 바가 다르다 보면 간혹 의견 조율이 어려워 클럽활동을 중단해버리고 마는 경우가 있다. 마음 맞는 사람들끼리 팀을 다시 구성하는 건 그래도 괜찮지만 그냥 흐지부지되는 경우가 많아 안타까움이 더 크다. 클럽을 다시 결성하는 일이 결코 쉽지 않기 때문이다.

그렇다면 어떻게 해야 오랫동안 클럽활동을 유지할 수 있을까? 40년 이상 클럽활동을 같이 한 '과르네리 4중주단'은 자신들이 오랫동안 연주활동을 할 수 있었던 비결을 다음과 같이 정리했다.

1. 같은 학교 출신, 또는 비슷한 또래로 구성한다.
2. 멤버들이 좋아하는 레퍼토리를 선곡한다.
3. 연습과정 자체를 즐긴다.

4. 기분 나쁘지 않게 비판하는 방법을 연구한다.

5. 유머감각을 유지한다.

6. 동료단원에게 배운다는 자세를 갖는다.

7. 동료의 사생활을 철저히 존중한다.

8. 할 말은 반드시 한다.

자신이 속한 클럽과 한번 비교해 보며 팀원들과 의견을 나누는 것도 클럽을 오래 유지하는 좋은 방법이 될 것이다.

같은 음악을 기억하는 사람

　　1959년 미국 워싱턴 주 타코마 시에서 스무 살 내외 4명이 벤처스(Ventures)란 이름으로 밴드를 만들었다. 그리고 이들은 1960년 데뷔 앨범 "Walk Don't Run"을 발표하며 세인의 주목을 받게 된다. 이어서 'Pipe Line', 'Wipe Out' 등의 곡을 내놓았는데 발표하는 곡마다 빌보드 차트 상위에 랭크되며 승승장구했다. 벤처스는 비틀스와 더불어 1960년대 젊은이들의 우상이었다. 당시 중·고교를 다닌 나 역시 벤처스의 음악을 좋아해 친구들과 함께 그들의 음악을 연주한 기억이 있다.

　　이 밴드는 활동 기간에 약 1천여 곡을 발표했고 5천만 장 이상의 레코드를 판매하는 기록을 남겼다. 그러나 이제는 멤버 모두가 70대 노인이 되었다. 드러머였던 멜 테일러는 10여 년 전에 사망했는데 그의 아들이 아버지의 대를 이어 아버지의 친구들과 활동하기도 했다. 우리나라에도 내한해 공연을 한 적이 있는데 아쉽게도 흥행에는 실패했다. 하지만 일본에서는 고정 팬들이 많아 정기적으로 공연하기도 했다. 특히 수년 전에는 벤처스의 팀 결성 50주년 기념공연이 일본에서 열렸다.

나는 10년 전부터 친구들과 코리안 벤처스(Korean Ventures)란 밴드를 만들어서 젊었을 때 좋아하던 그들의 곡을 정기적으로 연주하고 있다. 수년 전에는 충북 제천에 있는 리조트에 친구들과 놀러 갔다가 바에 밴드 악기가 준비되어 있는 것을 보고 리조트 관계자에게 양해를 구한 후 친구들과 벤처스의 음악으로 즉흥 공연을 하기도 했다. 우리가 평소 쓰는 악기가 아니라 좀 불편하긴 했지만 약 30분간 펼쳤던 공연은 아직도 소중한 추억으로 남아 있다. 연주를 끝내고 우리 자리로 돌아오니 술과 안주가 잔뜩 놓여 있었다. 웨이터 말이 한 손님이 젊었을 때 좋아하던 벤처스의 음악을 이곳에서 듣게 될지 몰랐다며 우리를 위해 한턱 내겠다고 했다는 것이다. 우리의 음악을 듣고 기분이 좋아진 손님이 보낸 선물이었다. 우리 공연의 훌륭한 관객이 되어 준 그분과 인사를 나누고 벤처스를 함께 추억했다.

오래선 벤처캐피탈의 임원으로 있을 때 직원들에게 벤처스를 아냐고 물으니 무슨 벤처회사냐는 대답을 들은 적이 있었다. 당시 직원들은 'Pipe Line', 'Wipe Out' 등의 노래도 전혀 모르고 있었다. 벤처스를 기억하는 것은 나와 같은 시대를 보낸 사람들밖에 없는 것 같아 아쉬움이 컸다. 어쩌면 음악은 사람들에게 그 음악과 함께했던 시대를 떠올리게 하는 묘한 힘을 지녔다는 생각이 든다. 같은 음악을 기억하는 사람과는 추억을 공유하는 기분까지 드는 것을 보면 말이다.

친구들과 결성한 코리안 벤처스는 5년 전까지만 해도 매월 정기적으로 공연을 열었다. 그러나 요즘엔 한 계절에 한 번 정도 공연을 하고 있다. 팀원들이 저마다 모두 바빠 시간을 내기가 좀처럼 쉽지 않다. 팀원들은 세월이 좀 더 흘러 각자 시간 여유가 생길 때를 기약하자고 하지만, 정작 그때는 우리 모두 너무 나이가 들어 연주를 할 수 있을지 의문이다.

우리만의 작은 음악회, 하우스 콘서트

고전 음악을 좋아해서 요즘도 간혹 음악회에 가지만 가장 인상 깊었던 음악회는 1980년대에 월간 객석 사옥에서 열었던 실내 음악회이다. 지금은 중견 연주가가 된 바이올리니스트 이택주, 비올리스트 오순화 등 당시만 해도 젊었던 몇몇 연주자들이 동호인을 초청해 가졌던 작은 음악회였다. 공간이 협소해 많은 사람을 수용할 수 없었던 대신 관객들은 연주자들의 숨소리까지 들을 수 있었다. 그야말로 관객과 연주자가 호흡을 함께하는 작은 음악회였다. 음악회가 끝나면 연주자와 관객이 다과를 들며 담소를 나누었다. 화려한 무대는 아니었지만 그곳만 가질 수 있는 소박한 분위기가 좋았다.

은퇴를 결심하면서 제일 먼저 떠오른 것이 있었다. 바로 예전에 보았던 객석 음악회와 같은 작은 음악회를 개최하고 싶다는 생각이었다. 은퇴한 지 얼마 안 된 어느 날 분당에 작은 공간을 마련했다. 그리고 음악회 해설을 맡아 줄 분으로 신동헌 화백을 초청했다. 신 화백은 자타가 공인하는 우리나라 최고의 만화가이다. 일찍이 아우인 신동우 선생과 함께 만화영화 〈홍길동〉을 제작하여 당시 어린이들에게 꿈을 심어 주었고 그해 대종상을 수상하기도 했다. 그런데 신 화백은 클래식 음악에 관한 해설집도 여러 권을 낸 적이 있는 명망 있는 음악해설가이기도 하다.

신 화백은 서울공대 재학 시절에 의대생들과 사이언티스트 오케스트라를 결성해 제2바이올린을 연주한 적이 있다고 한다. 그런데 본인의 연주를 녹음해 들어보고는 너무 실망을 해서 그 이후로는 바이올린 연주를 그만두었다고 한다. 전공자들도 좋은 소리를 내기가 어려운데 아마추어로서 자신의 한계를 느꼈던 것이다. 연세에 비해 동안이시고 건강도 좋아 보여 건강 비결을 물으니 의사가 하라는 대로 안 한 게 건강의 비결이라는 의외의 대답이 돌아왔다. 의사가 하지 말라는 술 담배를 끊지 않고, 하라는 운동은 안 하면서 쪼그리고 앉아 계속 그림만 그렸다는 것이다. 하지만 내 생각에는 전철을 이용하면서 많이 걸어 다니고, 항상 웃음을 잃지 않는 성품이 건강의 비결이 아닌가 싶다.

아무튼 나는 신 화백을 모시고 주 1회 정기적으로 하우스 콘서트를 개최했다. 그런데 그게 직접 해 보니 결코 쉬운 일이 아니었다. 어떤 때는 모두 수용할 수 없을 만큼 관객이 몰리는가 하면 어떤 때는 관객이 없어 겨우 10여 명을 앞에 놓고 연주를 하기도 했다. 그럴 땐 꼭 내가 뭔가 잘못한 듯해서 연주자들을 볼 낯이

없기도 했다. 신 화백은 매번 음악회에 앞서 관객들에게 그날의
연주곡에 대한 설명을 해주었다. 얼마나 재미있게 이야기를 하는
지 관객들 모두 즐거워했다. 언젠가 친구들과 함께하는 블루그래
스 음악회에 지체장애인들을 초청했는데 신 화백이 와서 그들의
모습을 일일이 스케치해준 적도 있다. 내가 주최하는 음악회에
즐거움을 더해 준 고마운 분이다.

　가끔 신 화백이 부재중일 때는 내가 직접 곡 해설을 하기도 했
다. 덕분에 서양음악사에 대한 많은 지식을 습득할 수 있어 좋았
다. 무대에 오른 분들은 대부분 음대 교수와 전문 연주가들이지
만 간혹 아마추어 음악인이 무대에 서기도 했다. 어린아이나 학
생들이 무대에 오를 때는 실수를 연발하기도 했지만 나는 지금
실수를 하는 것이 오히려 실수를 안 하는 것보다 더 많은 것을 배
울 수 있다고 그들을 격려했다.

　그 공간에서 연주회만 연 것은 아니었다. 가끔은 신 화백의 그
림이나 내가 좋아하는 다른 화가들의 작품 전시회도 열어 매스컴
에 보도되는 등 좋은 반응을 얻었다. 그러나 나를 도와주던 딸아
이가 유학을 가는 바람에 어쩔 수 없이 하우스 콘서트를 그만두
게 되어 아쉬움이 컸다. 가끔씩은 그 작은 공간에서 가졌던 수십
차례의 연주회가 관객들에게는 어떻게 기억되고 있을까 궁금하
기도 하다. 내가 그랬던 것처럼 몇몇 연주만이라도 그들에게 인상

깊은 연주회로 남았으면 좋으련만 그것은 알 수 없는 일이다. 공
간이 매우 협소하고 불편했지만 그래도 그런 공간이 있는 게 참
좋았다는 어느 연주가의 고백이 고마울 뿐이다.

어느 수도원 피정의 집에서

　　　　　　　일전에 지인 한 분이 나에게 어느 모임에
가입해서 같이 활동을 하자고 권유한 적이 있다. 회원들의 면면
을 소개하며 괜찮을 것이라는 말을 덧붙이면서 말이다. 이름만
대면 알 만한 분부터 모두 다 훌륭한 분들이었다. 하지만 나는 잠
시 생각한 후 완곡하게 거절했다. 지금 맺고 있는 인연도 관리하
기 어려운데 새로운 인연을 맺는다는 것이 아무래도 자신이 없었
다. 권유한 지인이 좀 서운해하는 눈치였지만 어쩔 수 없는 일이
었다. 나이가 들어 깨닫게 된 것 중 하나가 내키지 않는 일은 처
음부터 하지 말자는 것이다.

　사회생활을 하다 보면 이런저런 모임에 참식하게 된다. 그런데
어느 모임에 가 보면 오지 말 걸 잘못했다는 생각이 들 때가 있
다. 사람들이 많으면 관심사도 다를뿐더러 진솔한 이야기를 나누
기도 어렵다. 게다가 서로 상대를 배려하느라 어쩔 수 없이 마음
에 없는 말도 하게 되는데 그러다 보면 문득 외로움이 느껴지곤

한다. 이런 것이 바로 군중 속의 고독이 아닐까 싶다. 아마 나뿐만 아니라 현대인이라면 누구나 겪는 일일 것이다. 이런 모임에 다녀오면 왠지 모르게 허전한 마음이 든다. 차라리 혼자 책이나 볼걸 그랬다는 생각도 들었는데 어떤 학자는 이것을 가리켜 정서적 허기라고 표현하기도 했다.

은퇴 후 시 외곽에 조그만 사무실을 마련하여 그곳으로 출근하고 있다. 그러기를 벌써 여러 해. 어떤 때는 일기가 좋지 않아 밖을 나서는 게 귀찮기도 하지만 집에 있으면 아내의 눈치가 곱지 않을 테니 습관처럼 집을 나선다. 그곳에서 책도 보고, 글도 쓰며 혼자만의 시간을 보낸다. 어떻게 보면 감사해야 할 일이지만 혼자 있다 보면 가끔 외로울 때도 있다.

최근 읽은 루소의 글을 보면 그는 혼자 있는 것을 찬양하고 있다. 특히 개를 데리고 산책을 할 때 누군가 아는 사람이라도 만날까 봐 조바심이 난다는 것이다. 겉치레로라도 형식적인 인사를 나누어야 하고 그러다 보면 혼자 사색에 잠길 수 있는 시간을 빼앗기게 되기 때문이다. 이웃들과 가볍게 눈인사 정도 교환하는 건 괜찮지 않을까 하고 생각되지만 아마 루소는 그런 시간도 방해받고 싶지 않았나 보다.

하긴 혼자 있는 즐거움도 있기는 하다. 특히 음악을 들을 때는 혼자 들으면 더 쉽게 몰입할 수가 있다. 그림을 그릴 때도, 독서를 하거나 등산을 할 때도, 그리고 루소처럼 호젓이 산책을 할 때도 오히려 혼자 있는 게 나은 순간이 있긴 하다. 이렇게 꼽아 보니 혼자 있어 좋은 시간이 꽤 많은 것도 같다.

어느 현자는 혼자 있어야만 비로소 자기의 내면을 들여다볼 수 있다고 했다. 혼자인 시간에만 또 다른 자신과 이야기를 나눌 수 있기 때문이라는 것이다. 그 말을 듣고 나도 혼자 있는 시간을 자주 가져야겠다고 다짐했지만 삶에 쫓기다 보면 실천에 옮기기는 쉽지 않다. 사실 지금 나는 혼자 있다. 며칠 전 가방을 꾸려 멀리 떨어져 있는 어느 수도원 피정의 집에 왔다. 현자가 이야기한 혼자만의 시간을 갖기 위해서라기보단 그냥 좀 쉬고 싶었다.

이곳 수녀님이 차려주는 밥을 먹고 저녁에 혼자 산책을 하다 보니 루소의 글이 다시 생각났다. 하긴 이곳에서 아는 사람을 만날 가능성은 거의 없었다. 혼자 있다 보니 내가 하고 싶은 일도 할 수 있고 또 느긋하게 여유를 부릴 수도 있어서 좋았다. 1인용 침대 하나와 작은 책상 하나 그리고 간단히 세수할 수 있는 세면실로 이뤄진 작은 방에서 조용히 독서를 하다가 창문을 열면 싱그러운 바람도 느낄 수 있고 별도 볼 수 있었다.

얼마 전 친구가 메일을 보내면서 박완서 작가의 말을 인용했다. 10년만 더 젊었더라면 산속에 들어가 자기의 양심에 따라 착하게 살고 싶다는 것이다. 그 글도 결국 혼자 있고 싶다는 이야기였다. 친구도 나도 그분의 생각에 동감했다. 그럼에도 불구하고 가끔 누군가가 그리워지는 것은 왜일까. 아마도 내가 성숙하지 못해서

가 아닐까 싶다. 누구는 신의 품에 있을 때가 제일 좋다는데 나는 아직 잘 모르겠다. 문득 오래전 읽었던 지란지교 이야기가 떠오른다.

> 나는 많은 사람을 사랑하고 싶진 않다. 많은 사람과 사귀는 것도 원치 않는다. 나의 일생에 한두 사람과 끊어지지 않는 아름답고 향기로운 인연으로 죽기까지 지속되길 바란다. 우리는 푼돈을 벌기 위해 하기 싫은 일은 하지 않을 것이며, 천 년을 늙어도 항상 가락을 지니는 오동나무처럼, 일생을 춥게 살아도 향기를 팔지 않는 매화처럼, 자유로운 제 모습을 잃지 않고 살고자 애쓰며 격려하리라. 우리의 손이 비록 작고 여리나, 서로를 버티어 주는 기둥이 될 것이며, 눈빛이 흐리고 시력이 어두워질수록 서로를 살펴 주는 불빛이 되리라.
>
> — 유안진의 『지란지교를 꿈꾸며』 중에서

참으로 가슴을 울리는 글이다. 살면서 이런 관계를 맺을 수 있으면 얼마나 좋겠는가. 그런데 과연 그런 사람을 만날 수 있기나 할까 싶은 생각이 든다. 그러지는 못하더라도 같은 책을 읽고 같은 생각을 하는 사람, 존경하는 인물이 같은 사람, 감동받는 지점이 같은 사람, 삶의 지향점이 같은 사람, 그런 사람을 만나는 것도 큰 복이라고 생각한다. 날이 밝아 오고 있다.

나의 커피문화답사기

          직장생활을 하면서 영업부장을 할 때였다. 영업 업무의 특성상 거래기업을 자주 방문하곤 했다. 회사에 찾아가면 보통 의례적으로 차를 대접하는데 손님의 기호를 물을 때도 있지만 아무 말 없이 커피를 갖고 올 때도 있다. 바로 전 방문했던 기업에서 커피를 마시고 왔을 경우에는 다른 차를 마시고 싶기도 하지만 어떤 차가 준비되어 있는지 몰라 그냥 주는 대로 커피를 마시기도 했다. 그러다 보면 하루에 제법 여러 잔의 커피를 마시게 됐다.

    그러던 어느 날 문득 커피가 이렇게 생활화되었는데 제대로 알고나 마셔야겠다는 생각이 들어 커피공부를 하기로 마음먹었다. 사실 내가 커피에 대한 공부를 시작한 1990년대만 하더라도 우리나라에는 지금과 같은 커피전문점이 없었다. 당시 우리나라 커피시장은 믹스커피가 점령하고 있었다. 스타벅스가 이대 앞에 1호점을 연 것이 1998년이었다. 그런데 그즈음해서 IMF사태가 터졌고, 커피산업은 소강상태에 들어갔다.

커피에 관한 책을 찾다가 『커피의 세계』란 책이 그중 볼만하다는 말을 듣고 찾아봤지만 그 책은 이미 절판되어 서점에서는 구할 수가 없었다. 어렵게 출판사를 알아내 직접 전화를 했다. 그랬더니 며칠 뒤 창고에서 찾았다며 책을 보내주었다. 그렇게 구한 책을 통해 커피에 대한 이모저모를 알게 되었다.

그리고 얼마 뒤 우리나라에 한국커피문화협회란 단체가 있다는 사실을 알게 되었다. 그런데 마침 그 단체의 회장이 내가 거래했던 기업에서 일하던 직원이었다. 그는 회사를 퇴직하고 강남역 부근에 커피전문점을 오픈하면서 뜻을 같이했던 사람들과 협회를 조직했다고 한다. 나는 그를 통해서 우리나라 커피 1세대라고 칭하는 사람들을 만날 수 있었다. 그들과 교류하면서 우리나라보다 일찍 커피문화를 받아들였던 일본도 함께 갔다. 대부분 커피산업에 종사하고 있던 사람들에게는 평범한 직장인인 내가 별난 사람으로 보였을지도 모를 일이다. 어찌 됐건 뭐든 배운다는 건 참 재미있는 일이다. 커피를 배울 때도 그랬다.

일본에서 찾아갔던 커피숍 중에는 역사가 거의 백 년 가까이 된 곳도 있었다. 우리 일행이 방문했던 곳 중 인상에 남는 곳은 다이부 커피점이다. 15평 남짓한 작은 가게였지만 문인들이 많이 찾는 곳으로 유명한 곳이었다. 또 기억에 남는 곳으로는 호리구치 커피공방이 있다. 커피공방 운영자 호리구치 씨는 일본 커피업계에서는 비교적 젊은 편에 속하는 사람이었다. 그가 처음부터 커피업에 종사했던 것은 아니다. 대학을 졸업하고 무역상사 주재원으로 메카에서 16년간 근무하다가 귀국해 커피를 본업으로 삼았다고 한다.

일본의 커피 시장은 원두커피가 60% 이상을 점하고 있으며, 인스턴트커피는 불과 40%밖에 되지 않는다. 반면 우리나라의 경우, 스타벅스의 진출로 커피숍이 늘어 좀 더 시장이 커졌지만 그때만 해도 원두커피 시장은 10% 정도에 불과했다. 그러나 일본을 여행하며 우리나라의 원두커피 시장이 조만간 비약적으로 발전하겠다는 걸 직감했다. 한국커피문화협회 회원들과 함께한 일본 커피 산업 탐방은 많은 것을 느끼고 배울 수 있는 좋은 경험이었다.

한창 커피에 대한 관심이 커져 있을 때 지인의 소개로 홍순명이란 분을 만났다. 그는 대학교를 졸업하고 일반 회사에 근무하다가 커피전문가로 뒤늦게 변신한 사람이었다. 그와 커피를 마시며 우리나라 커피업계의 전망에 관해 의견을 나누었다. 그리고 헤어질 때 그는 자신이 번역한 『스타벅스 커피 한 잔에 담긴 성공 신화』란 책을 건넸다. 마침 스타벅스가 우리나라에 막 진출하기 시작했을 때였다.

책에는 하워드 슐츠 스타벅스 회장이 커피로 성공한 스토리가 자세히 담겨 있었다. 사실 스타벅스의 창업자는 하워드 슐츠가 아니다. 그는 스타벅스를 인수해 세계적인 기업으로 키운 사람이다.

그의 자서전 격인 이 책을 읽으면서 많은 것에 공감할 수 있었다.

슐츠는 무척 가난한 집에서 태어났다. 학교에서 경영학을 공부한 후 복사기로 유명한 제록스 사를 거쳐 가정용품을 파는 스웨덴 회사의 미국 자회사인 해마플라스트로 전직했다. 그곳에서 부사장까지 승진하며 고액연봉자로 성공가도를 달리게 된다. 그러던 1981년 어느 날 시애틀에 있는 조그만 회사에서 드립식 커피 추출기를 대량 주문한다는 걸 알게 된 후 관심을 갖게 된다. 그 회사가 바로 스타벅스였다. 시애틀로 날아간 그는 스타벅스를 직접 방문한 후 커피의 매력에 빠지게 된다. 지금까지 마시던 커피는 커피도 아니라는 생각을 하게 된 것이다. 나도 커피를 공부하며 그런 감정을 느낀 적이 있었기에 그의 글에 더욱 공감이 되었다.

슐츠는 커피사업이야말로 자신이 평생 해야 할 일이라는 생각을 하고 고액연봉을 받던 해마플라스트의 부사장 자리를 박차고 나와 스타벅스에 합류한다. 결과적으로 슐츠가 성공해서 다행이지만 슐츠처럼 기득권을 버리고 미지의 분야에 뛰어드는 것은 결코 쉬운 일이 아니다. 지금도 먹고사는 일 때문에 어쩔 수 없이 회사에 다니는 사람들이 많을 것이다. 하지만 자신이 정말 좋아하는 일을 발견했다면 슐츠와 같이 변신을 꾀해 보는 것도 인생을 살며 한번쯤 해 볼 만한 일이라고 생각한다.

그런데 슐츠가 스타벅스에 참여하기까지 모든 일이 결코 쉽지만은 않았다. 스타벅스를 운영하고 있던 기존의 경영자들이 새로운 사람의 사업 합류를 원하지 않았기 때문이었다. 하지만 그는 포기하지 않고 끝까지 자신이 왜 스타벅스에 필요한 사람인지를 설명하며 설득했다. 결국 스타벅스 경영자들은 생각을 바꿔 슐츠를 받아들였다.

그런데 기존의 스타벅스 경영진과 슐츠는 여러 가지 면에서 생각이 달랐다. 이를테면 경영진은 커피콩을 볶는 사업에만 열중한 반면 슐츠는 지금의 스타벅스처럼 음료를 파는 쪽으로 사업영역을 확장하기를 주장했던 것이다. 결국 슐츠는 스타벅스를 그만두고 새로운 커피 바 '일 지오날레'(이탈리아어로 매일이란 뜻. 이탈리아의 유명 신문 이름이기도 함)를 창업한다. 바로 현재 스타벅스의 전신이 된 커피 바이다.

그리고 1987년 슐츠의 인생과 스타벅스의 운명을 바꾼 사건이 일어난다. 스타벅스를 창업했던 경영자들이 그들의 라이벌격인 피츠 커피를 인수한 후 스타벅스를 매각하기로 결정한 것이다. 슐츠는 좋은 기회라고 생각하고 스타벅스를 인수하기로 마음먹는다. 하지만 문제는 인수자금이었다. 그가 찾아갔던 대부분의 벤처캐피탈사들은 첨단산업에만 투자한다며 슐츠의 제안을 거부했다. 우여곡절 끝에 많은 소규모 투자자들의 힘으로 마침내 슐츠는 스타벅스 인수에 성공했다.

후에 슐츠는 스타벅스 인수 당시 개인투자자가 투자한 10만 달러의 가치가 1,000만 달러를 넘었다며 첨단산업에만 투자하기를 고집했던 벤처캐피탈사들의 투자수익률은 얼마나 됐을지 궁금하다는 말을 하곤 했다. 슐츠가 커피사업에서 성공할 수 있었던 건 시대를 살아가는 사람들의 감성을 잘 읽은 덕도 있지만 종업원을 가족처럼 생각하는 그의 따뜻한 마음 덕분이기도 하다. 책의 말미에 다음과 같은 이야기가 나온다.

"한 사람이 할 수 있는 일은 한정되어 있다. 그러나 같은 목표를 가진 사람들을 모은다면 그들은 함께 기적 같은 일을 해낼 수 있다. 기억하라. 결승선에 혼자만 도달하면 공허한 마음만 남게 될 것이다. 반면 한 팀을 이루어서 달린다면 결승선에 함께 도달하는 기쁨을 만끽할 수 있다. 승리는 한 사람의 노력보다 많은 사람들이 협력하여 성취할 때 훨씬 큰 의미가 있는 것이다."

요즘 우리나라에는 협동조합 붐이 일고 있다. 나도 이것이 여러 사람의 지혜를 모아 불황을 타개할 수 있는 좋은 방법이라고 생각한다. 비즈니스는 협동함으로써 많은 것을 이룰 수 있는 분야이다. 창업을 할 때 모자라는 자금을 어떻게 구해야 하는지 스타벅스의 일화를 통해서 배울 수 있기를 바란다. 앞서 같은 길을 간 사람들의 이야기에는 언제나 배울 점들이 많은 법이다.

사람들은 누구나 자신의 꿈을 이룰 힘을 갖고 있다고 믿는다. 먼저 그 꿈을 구체화한 다음에 계획에 따라 한 걸음씩 실천에 옮겨 보길 바란다. 아마도 자신 안에 그동안 모르고 있었던 놀랄 만한 큰 힘이 있다는 걸 알게 될 것이다.

행복한 노년을 위해 피해야 할 것들

사람들은 행복해지고 싶어 한다. 행복을 향한 욕구에는 나이가 젊고 늙음의 차이는 없다. 사람들은 보통 돈을 많이 벌거나, 출세하거나, 멋진 연인을 만나는 것 등을 행복의 조건으로 떠올린다. 그리고 그런 행복을 얻기 위해 무엇을 해야 하는지 생각하고 노력하는 사람들이 많다. 하지만 조금만 달리 생각해보면 행복하기 위해서 하지 말아야 할 것들만 피한다면 행복은 저절로 찾아올지도 모를 일이다. 은퇴 후 행복을 원하는 사람들이라면 피해야 할 것들을 몇 가지 정리해보았다.

1. 배우자와 등지지 마라

배우자는 남은 인생에 의지할 수 있는 단 한 명의 동반자이다. 이러니저러니 해도 배우자만큼 나를 이해하고 도와줄 사람은 없다. 서로에게 잘하기를 바라지만 말고 먼저 배우자의 입장이 되어 생각해보려는 적극적인 노력이 필요하다.

2. 자식에게 기대지 마라

내가 키운 내 자식이지만 장성한 자식에게는 그만의 세상이 있다. 공연히 자식에게 많은 것을 기대했다가는 도리어 실망만 클지도 모른다. 그저 키우며 느꼈던 사랑스러움으로 부모에게 자식이 할 일은 다 한 것이라고 생각하자. 더 이상을 바라는 것은 욕심이다.

3. 은퇴 전과 같은 대우를 기대하지 마라

과거 속에 살지 마라. 더 이상 현역 생활을 하는 내가 아니다. 예전처럼 사람들에게 대접받을 수 있을 거라고 기대했다가는 상처받기 십상이다. 변화하는 환경을 받아들이고 적응하기 위한 마음의 준비가 필요하다. 섭섭해할 것 없다. 그저 세월은 흐르고 나는 나이를 먹었고 그리고 이제 예전과는 처지가 달라진 것뿐이다.

4. 집 안에만 들어앉아 있지 마라

타인과 소통하지 않는 생활은 긴 노후에 독이다. 은퇴했다고 모든 사회관계를 단절해서는 안 된다. 열린 마음으로 직장이 아닌 또 다른 세상으로 들어서려는 노력이 필요하다. 혼자만의 세상에서 나오지 않는다면 고집불통의 노인이 되어 사회에서 고립되는 결과를 초래하게 될 것이다.

5. 건강을 자신하지 마라

사람들은 노후를 준비할 때 은퇴자금을 최우선으로 생각한다. 그러나 그보다 더 중요한 것은 건강이다. 건강한 신체에 건강한 정신이 깃든다는 말은 노년기라고 예외가 아니다. 건강을 잃으면 모든 것을 잃는 것이다. 자신의 건강은 스스로 미리미리 지켜야 한다. 정기적인 검진과 꾸준한 운동으로 건강한 노후를 준비하자.

은퇴 시기에 읽으면 좋을 책들

1. 일하지 않는 즐거움 어니 젤린스키 | 중앙M&B

국영 기업체 직원이던 저자는 3년 넘게 휴가도 없이 일만 하다가 어느 날 상사의 결재 없이 여름휴가를 떠난다. 그리고 참으로 오랜만에 자유를 만끽한다. 그러나 휴가를 끝내고 출근하는 첫날 해고된다. 처음엔 해고되었다는 사실에 무척 괴로웠지만 오히려 전화위복이 될 수 있음을 깨닫고 이후 2년간 전혀 일을 하지 않았다. 오로지 행복하게 사는 일에만 전념한다. 타임지와 CNN이 공동 조사한 바에 의하면 미국인의 62%가 여가시간에 하지 않아도 될 일을 하고 있다고 한다. 자신이 무엇을 원하는지 모르기 때문이다. 저자는 무얼 하며 행복한 시간을 보냈는지 내 삶에 대입해 보면 좋을 것이다.

2. 남자 나이 50 홀거 라이너스 | 한스미디어

저자는 건축가였다. 그가 출간한 건축 관련 서적만도 20여 권. 그러다 인생에서 가장 중요한 시기인 50대를 좀 더 깊이 성찰하기 위해 이 책을 썼다. 그는 50대를 '정상에 오른 나이'라고 표현한다. 산의 정상에 오르면 지금까지 걸어온 길과 내려갈 길이 보일 것이다. 지금까지 걸어온 길이 해야 할 일을 한 것이라면, 내려가야 하는 길은 자신이 하고 싶은 일을 하는 것이다. 저자는 건축가에서 작가로 변신했고, 그의 친구는 신앙을 전파하는 데 자신의 삶을 바치겠다고 하며, 지금까지 농장을 경영해온 친구는 앞으로 의학적인 문제 해결에 기여하고 싶다고 한다. 이 책에 나온 여러 사례를 통해 50대 이후 무엇을 할지 생각해 보자.

3. 오래 살고 싶으신가요? _{송용상 | 연합북스}

의학의 발달로 평균수명이 기하급수적으로 늘어났지만 건강수명은 아직 70세에 불과하다. 그러니까 한 10년은 골골거리며 살아야 한다는 것이다. 많은 사람이 오래 살기를 원하지만 오래 산다고 꼭 행복한 건 아닐 것이다. 남의 도움을 받아야만 살아갈 수 있다면 그건 축복이 아니라 오히려 재앙일 수 있기 때문이다. 미국 워싱턴대 건강측정평가연구소에 의하면 건전하지 못한 식습관이 수명을 13.4개월 깎아 먹는다고 한다. 이 책은 습관을 바꾸면 암도 예방할 수 있다고 말한다. 식생활 개선을 통한 예방법을 질환별로 설명하며, 우리는 생애 진료비의 반을 마지막 1년에 다 쓴다고 한다. 건강관리를 잘하는 것도 어쩌면 재테크의 일종이다. 삶의 질을 높일 수 있는 건강관리 요령을 터득할 필요가 있다.

4. 이렇게 살아가도 괜찮은가 _{피터 싱어 | 세종서적}

저자는 옥스퍼드대에서 수학하고 뉴욕주립대 등에서 강의를 하고 있는 윤리학자이다. 그는 물신주의가 팽배해 있는 작금의 현실을 목도하고 '이렇게 살아도 괜찮은가?' 하고 우리에게 묻는다. 사실 우리나라도 소득불균형이 문제가 되고 있지만 시야를 세계로 넓히면 불균형이 더욱 심하다. 음식이 남아 버리는 곳이 있는가 하면 먹을 것이 없어 기아로 죽어가는 어린이가 매년 수만 명이나 되는 곳도 있다. 그는 우주적 관점을 취하면 다른 사람들의 고통과 괴로움을 줄이기 위해 우리가 무엇을 해야 하는지 알 수 있다고 한다. 은퇴 후 어떻게 의미 있는 삶을 살아야 할지 고민한다면 이 책은 그에 관한 해답을 줄 것이다.

5. 금융회사가 당신에게 알려주지 않는 진실 송승용 | 웅진윙스

생필품 하나를 사더라도 상인이 권하는 대로 그저 덥석 사는 경우는 거의 없다. 상품에 하자가 없는지 이리저리 살펴보고 같은 질의 상품이라면 좀 더 싸게 파는 곳은 없는지 다른 가게와 비교하기도 한다. 그러나 많은 사람들이 금융 상품만은 직원들이 권하는 대로 가입한다. 왜 그럴까? 금융기관 직원들은 왠지 미덥기 때문이다. 그러나 직원들은 생각만큼 금융에 해박하지도 않고, 내게 이익이 되는 상품을 권하지도 않는다. 이 책은 재테크를 위한 책은 아니다. 그러나 고객들이 금융상품을 객관적인 입장에서 판단할 수 있도록 도와준다. 이제는 고객 스스로가 금융상품에 대한 지식을 터득하고 직원과 대등한 입장에서 거래를 할 필요가 있다. 독자들도 이 책을 통하여 그러한 고객이 되기를 바란다.

6. 인생 수업 엘리자베스 퀴블러 로스 | 이레

많은 사람들이 저자 엘리자베스 퀴블러 로스 박사를 '죽음의 여의사'라고 부른다. 30년 이상 죽음에 대한 연구를 해 왔기 때문이다. 그러나 그녀는 사람들이 정말 중요한 것을 놓치고 있다고 한탄한다. 자신의 연구의 가장 본질적이며 중요한 핵심은 삶의 의미를 밝히는 일이라는 것이다. 이 책에서 저자는 우리가 이 지상에 있는 시간이 많지 않다는 사실을 깨우쳐준다. 우리가 한 말과 행동이 어쩌면 우리가 사랑하는 이에게 하는 마지막 말과 행동이 될지도 모른다. 이 책엔 죽어가는 사람들이 들려주는 이야기가 사례별로 기록되어 있다. 그들의 이야기에 귀 기울이다 보면 그 조언들이 우리의 남은 생을 설계하는 데 큰 도움이 될 것이다.

7. 아름다운 삶 사랑 그리고 마무리 헬렌 니어링 | 보리

이 책은 저자 헬렌 니어링이 인생의 롤모델 스코트를 생각하며 쓴 그들만의 전원생활 이야기다. 스코트 니어링은 부유한 가정에서 자랐지만 가난한 사람들에게 관심이 많아 대학교수 시절 빈부격차에 대한 글을 쓰고 강연을 했다. 이런 그를 대학에서는 가만 두지 않았고, 사회와 가족으로부터도 냉대와 외면을 당했다. 그러다 평생의 반려자 헬렌을 만나 버먼트 주로 이주하여 전원생활을 시작한다. 그들 부부는 하루 중 반나절은 일을 하고 나머지 반나절은 명상과 독서로 소일했다. '수입 안에서 생활하며, 얻은 것보다 덜 쓰기'가 그들의 생활관. 소출한 작물이 남을 땐 이웃에 나누어 주며 소박한 삶을 견지했다. 단순하고 건강에 좋은 환경 속에서 자연을 따르며 살아선지 그는 100세까지 장수했다. 이 책은 귀농을 하여 전원생활을 하려는 사람에게 여러 가지 팁을 주고, 인생을 살아가는 데 정말 중요한 것이 무엇인가를 가르쳐 준다.

8. 유쾌하게 나이 드는 법 58 로저 로젠블라트 | 나무생각

해가 지날수록 나이가 드는 것은 어린아이나 어른이나 마찬가지다. 다만 어른들에게 나이가 든다는 것은 무척 힘든 일이다. 그런데 유쾌하게 나이들 수 있다니 얼마나 솔깃한 얘기인가. 유쾌하게 나이 드는 법 제1조는 '그것은 문제가 되지 않는다'이다. 주변 일에 너무 걱정하지 말라는 얘기다. 제2조는 '당신만 생각하는 사람은 아무도 없다'이다. 내가 생각하는 것만큼 남은 나에게 관심이 없다는 것이다. 그 밖에 저자가 알려주는 유쾌한 방법들이 공감으로 와 닿아 큰 위로가 된다.

공부하기에 늦은 나이는 없다

급속한 인구 노령화로 사회가 변화하면서 실버세대에 대한 관심도 함께 늘어나고 있다. 이러한 관심은 은퇴한 사람들의 요구에 부응해 전에 없던 사회 변화를 주도하고 있다. 〈노인을 위한 나라는 없다〉라는 제목의 영화가 있었지만 어쩌면 이제는 노인을 위한 나라가 되어 가는 시기라는 생각이 든다. 단순히 취미생활을 위한 강의부터 새로운 문화를 접하고 체험을 해 볼 수 있는 강의까지 노년층을 위한 다양한 강좌가 개설되고 있으니 원하는 강좌를 선택해 듣는 재미를 찾아보길 바란다.

* 어르신 인문학 아카데미

어르신 인문학 아카데미는 서울시가 60세 이상이 분들의 활기찬 노후를 위해 운영하는 교육 프로그램으로, 서울시에서 지정한 교육운영기관에서 진행된다. 교육 프로그램은 철학 · 문학 · 역사 같은 인문학 강의를 비롯해 노후설계 · 재무관리 · 건강관리 · 사회참여 · 여가문화 · 정보화 강좌 등으로 구성된다.

☎ 문의: 서울시 어르신 홈페이지 http://welfare.seoul.go.kr
　　　서울시 어르신복지과 02-2133-7406

* '인생설계 아카데미'와 '시니어 기자단'

'인생설계 아카데미'는 퇴직자들의 변화관리, 재무설계, 건강, 여가 · 문화 및 사례강의 등을 통해 행복한 노후를 설계하도록 지원하는 교육 프로그램이다. 또한 서울인생이모작지원센터는 은퇴한 베이비부머 사회참여지원을 위해 시니어기자단을 모집, 운영하고 있다. 서울시에 거주한 50세 이상 시니어라면 누구나 지원 가능하며 선발되면 실무 중심으로 이루어진 100시간의 이론과 실습과정을 거쳐 전문기자단으로 활동하게 된다.

☎ 문의: 서울인생이모작지원센터 www.seoulsenior.or.kr 02-389-8891

* 시니어창업스쿨

중소기업청과 소상공인진흥원은 시니어들의 창업을 지원하기 위해 시니어창업스쿨을 운영한다. 시니어창업스쿨은 40세 이상 시니어를 대상으로 다양한 창업지원 서비스로 실전과정 위주의 실습코칭 중심교육을 실시한다. 시니어창업스쿨 수료생에게는 소상공인 정책자금 지원자격도 부여된다.

☎ 문의: 소상공인진흥원 지식서비스부 www.seniorok.kr 042-363-7607

* 제3기 인생대학

서울대학교 '제3기 인생대학'은 노년이 되기 전인 40~50대 일반인을 대상으로 노후 설계에 도움을 주어 보람 있는 제3기 인생을 보낼 수 있도록 하는 것을 목표로 한다. 매주 2시간씩 총 2학기 26주 과정으로 진행되며 강사진은 각 분야의 저명한 전문가들로 구성되어 있다.

☎ 문의: 서울대노화고령사회연구소 http://ioau3a.snu.ac.kr 02-740-8503

* KB희망센터 행복설계 아카데미

'행복설계 아카데미'는 제2의 인생을 준비하는 사람들에게 그들이 가진 경험과 전문성을 사회와 나눌 수 있도록 도와주는 곳이다. 교육은 주로 은퇴 후 인생을 보람차게 보낼 수 있도록 사회에 기여하는 방법에 대한 것으로 이루어져 있다. 관련 강의뿐만이 아니라 실습, 현장 탐방, 상담 등 다양한 프로그램이 준비되어 있다.

☎ 문의: 희망제작소 시니어사회공헌센터 kbhope@makehope.org 070-8810-4060

3강

이제 어떻게
살아야
할까?

"여러분에게 주어진 시간은
제한되어 있습니다.
그러니 다른 사람의 삶을 사느라
시간을 낭비하지 마십시오.
가장 중요한 것은 당신의 마음과 당신의
직관이 내는 소리에 따라 움직이는 것입니다.
여러분은 진짜 하고 싶은 것을 이미 알고
있을 수 있습니다."

스티브 잡스

평범한 사람의 이야기가 주는 감동

처음 분당FM에서 마이크를 잡았을 때는 청취자들이 과연 어떤 내용의 프로그램을 듣고 싶어 할지 몰라 무척 고민스러웠다. 이후 여러 시행착오 끝에 같은 지역에 살고 있는 각계각층의 사람들을 초청해 그들의 이야기를 함께 나누는 코너로 프로그램을 꾸미게 되었다. 청취자들이 자기 주변 이웃들의 진솔한 이야기에 차츰 귀를 기울이기 시작하면서 꽤 좋은 반응을 얻을 수 있었다.

나중에 안 사실이지만 이미 미국에서는 이와 비슷한 프로그램인 〈스토리코어스〉가 방송되고 있었다. 이 프로그램은 2003년 10월 뉴욕의 그랜드센트럴 역에서 처음 시작되었다. 당시 91세였던 세계적인 구술 전문가 스터즈 터켈이 첫 방송을 시작하면서 이런 말을 했다고 한다.

"우리는 오늘 이 순간부터 주목받지 못했던 사람들의 삶을 세상에 알릴 것입니다. 우리는 그랜드센트럴 역에 있습니다. 우리는 이 건물을 지은 건축가가 있다는 것을 압니다. 하지만 누가 여기 철근을 박았습니까? 누가 벽돌을 쌓았을까요? 오랫동안 한 번도 주목받지 못했던 이 땅의 사람, 바로 여러분입니다."

미국의 스토리코어스 프로그램은 평범한 사람이 주인공이 되는 방송이다. 출연을 희망하는 사람이 방문할 날짜를 먼저 정하고, 약속한 날에 자신이 마음 편히 이야기를 나눌 사람과 함께 찾아오면 된다. 출연자들은 보통 40분간 이야기를 나누게 되는데 모든 내용은 녹음과 동시에 CD로도 제작된다. 제작된 CD 중 하나는 참석자가 가져가고 다른 하나는 의회 도서관에 보관한다. 그리고 인터뷰 가운데 일부는 매주 금요일 NPR 방송국의 아침 프로그램을 통해 방송된다.

내가 진행했던 프로그램도 이와 비슷했다. 오프닝 멘트와 음악을 제외한 나머지 시간을 모두 초대 손님과 이야기 나누는 것으로 채웠다. 처음 방송을 시작했을 때는 내가 초대 손님에게 궁금한 것들이나 관심이 있는 것들에 대해서 질문을 던졌지만 방송이 거듭될수록 나는 초대 손님들이 하는 이야기에 귀를 기울였다. 세상사도 그렇지만 방송을 진행하면서도 출연자들의 이야기를 잘 들어주는 것이 제일 중요하다는 것을 점차 깨닫게 되었다.

내가 초청한 분들은 대부분 방송에 처음 출연하는 사람들이었다. 그러다 보니 처음 이야기를 시작할 때는 무척 긴장했다. 그러나 한번 말문이 트이면 저마다 자신들의 속이야기를 솔직하게 털어놓았다.

한번은 부부간에 장기이식수술을 한 남편이 출연했다. 아내가 신부전증을 앓아 신장이식이 필요했는데 대개 신장이식수술은 형제자매나 부모자식 간에 하기 때문에 남편은 아예 검사도 받지 않았다고 한다. 그런데 검사 결과 형제자매 중에는 아내와 조직이 맞는 사람이 없었다. 그래서 고민하던 차에 자신의 신장을 남에게 기증하고, 아내의 신장조직과 일치하는 다른 사람의 신장을 이식받도록 하기 위해 장기이식센터를 찾아 조직검사를 했다. 그런데 며칠 후 놀랍게도 자신과 아내의 신장조직이 잘 맞는다는 검사 결과가 나왔다. 다른 사람의 신장을 구할 필요가 없게 된 것이다. 결국 부부간 신장이식수술이 이뤄졌고, 현재 아내는 자신의 신장을 이식받아 잘 살아가고 있다는 이야기를 들려주었다. 듣다 보니 정말 그런 천생연분이 없을 것 같았다. 당시 스튜디오에 있던 제작진 모두 그 이야기에 빠져들었다. 서로 다른 우여곡절을 겪으며 지나온 사람들의 희로애락이 담긴 인생 이야기는 어느 베스트셀러 못지않게 사람을 끌어들이는 매력이 있었다. 때로는 그들과 같이 웃고, 때로는 내 일처럼 마음 아파하며 그렇게 4년간 라디오를 진행했다.

공중파 TV의 쇼처럼 화려하지는 않아도 평범한 사람들의 진술

한 이야기는 그 자체만으로도 듣는 사람들을 감동시키기에 충분했다. 요즘 TV를 켜면 알맹이는 없고 온통 자극적인 내용으로 가득 찬 프로그램이 많은 것 같다. 그래서 채널은 예전보다 훨씬 많아졌지만 정작 볼 것이 없단 소리를 하게 되는 것이 아닐까? 공중파에서도 우리네 소시민들의 이야기에 귀를 기울이는 프로그램을 제작해 주길 바란다.

이웃의 어려움을 방관한 죄

어느 날 뉴욕으로 가는 비행기 티켓을 알아보다가 '라과디아'라는 공항이 있다는 걸 알았다. 그때까지 '뉴욕 공항' 하면 떠오르는 것은 케네디 전 대통령의 이름을 딴 'JFK 공항'뿐이었다. 그런데 알고 보니 라과디아 공항은 뉴욕 시장을 세 번이나 연임했던 정치인을 기념하는, 의미 있는 곳이었다. 라과디아 시장은 판사로 재임하던 시절의 따뜻한 일화로도 유명한 사람이다.

한번은 가난한 노인이 빵집에서 빵을 훔친 죄로 재판을 받게 되었다. 라과디아 판사는 그 노인에게 왜 빵을 훔쳤는지 물었다. 그러자 그 노인은 "제가 잘못했습니다. 그러나 배고파 우는 아이들의 모습을 보니 가만히 있을 수가 없었습니다"라며 용서를 구했다.

연신 눈물을 훌쩍거리는 노인의 모습이 무척 애처로웠다. 그러나 라과디아 판사의 판결은 단호했다.

"처지는 딱하지만 법에는 예외가 있을 수 없다. 벌금 10달러의 형에 처한다."

방청객들은 할아버지의 딱한 사정을 외면하고 판사가 벌금형을 내리자 해도 너무한다며 술렁거리기 시작했다. 그런데 그 순간 판사가 자기 호주머니에서 10달러를 꺼내며 이렇게 말했다.

"그 벌금은 내가 내겠습니다. 그동안 나만 좋은 음식을 먹은 죄에 대한 벌금입니다. 오늘 이 노인에게 참회하며 그 벌금을 대신 내겠습니다. 그러나 이 노인은 이곳을 나가면 또 빵을 훔치게 될 것입니다. 여러분은 이웃이 먹고살기 위해 빵을 훔칠 정도로 어려운 상황에 처했는데도 그동안 아무런 도움을 주지 않고 방관한 것입니다. 그러니 그에 대한 벌금을 이 모자에 넣어 주십시오."

그러고는 판사가 모자를 방청석에 앉은 방청객들에게 돌렸다. 방청객들은 판사의 말에 동의하는 듯 모두 십시일반으로 돈을 꺼내 모자에 넣기 시작했다.

이후 뉴욕 시장으로 선출된 라과디아는 세 번이나 연임을 하며 재임 기간에 뉴욕 시 발전에 힘썼다. 그런데 안타깝게도 비행기 사고로 순직하고 말았다. 이를 애석하게 여긴 시민들은 시내 가까운 곳에 공항을 짓고 그를 기리기 위해 공항 이름을 라과디아로 명명한 것이다. 정말 감동적인 일화가 아닐 수 없다.

그런데 라과디아 판사에게 재판을 받았던 현대판 장발장 노인과 유사한 일이 지금 우리나라에서도 일어나고 있다. 통계를 살펴보면 우리나라 사람들의 자살률이 OECD 국가 중 1위라고 한다. 너무도 슬픈 일이다. 88만 원 세대라고 불리는 취업에 실패한 청년들이 목숨을 버리고, 핵가족화로 인해 소외된 빈곤층으로 전락한 노인들이 삶을 스스로 버리는 일이 우리 주변에서 계속 일어나고 있는 것이다.

며칠 전에도 시각장애가 있는 아버지 한 분이 목숨을 끊었다. 그는 20여 년 전 아내와 사별하고 두 자녀를 혼자 키워 왔는데 어려운 가정형편과 자신의 병 때문에 자식에게 부담이 될 것 같다며 스스로 투신자살을 선택한 것이다. 그가 남긴 유서에는 이렇게 적혀 있다고 한다.

"사랑하는 아들딸에게. 더 살아봤자 너희에게 부담만 될 것 같구나. 나중에 장님이 되고 뇌경색이 재발해 움직일 수 없게 되면 자살조차 할 수 없을 것 같으니 지금 이것이 최선의 선택이다. 장례비도 걱정이니 시체를 못 찾도록 생을 마감하려 한다. 이 애비는 저승에서라도 너희를 도와주고 싶구나."

마지막 순간까지 자식들의 장례비 부담이 걱정되어 습지에서의 자살을 선택한 아버지의 마음이 너무도 애틋하게 다가온다. 그분은 장애가 있던 눈 상태가 악화되고 지난해에는 뇌경색으로 쓰러져 2개월간 병원치료를 받았으며 건강 문제로 생계를 지탱하던 경비일까지 그만뒀다고 한다.

우리나라가 과거에 비해 경제가 급속히 발전하여 이전보다 먹고살기는 나아졌다고 하지만 아직도 우리가 모르는 사회 음지에는 이러한 사례가 적지 않을 것이다. 만약 라과디아 판사가 살아 있었다면 우리에게 어떤 판결을 내렸을까? 가끔은 내 주위에 어려운 사람이 없는지 한번 살펴보자. 라과디아의 판결이 없더라도 우리가 이웃을 위하여 무언가를 해야 할 때다.

혼자선 아프지 말아요

매주 일요일 혜화동에 있는 동성고등학교 강당에는 간이 진료소가 열린다. 바로 '라파엘 클리닉'이다. 라파엘 클리닉은 1997년에 서울의대 가톨릭교수회와 대한적십자사 서울지사가 함께 시작한 외국인 노동자들을 위한 무료 진료소이다. 이곳은 우리나라에서 일하고 있는 외국인 노동자들이 치료를 받을 수 있는 곳으로 널리 알려져 있다. 이렇게 취지가 좋은 무료 클리닉이지만 고등학교 강당을 빌려 운영하는 탓에 환경이 열악한 것이 늘 문제였다.

라파엘 클리닉의 열악한 환경을 안타깝게 여긴 사람들이 진료소 건립을 위한 후원금을 모으기 위해 음악회를 열고 있다. 목표 모금액이 모이면 혜화동 부근에 진료소 건물을 신축할 예정이라고 한다. 나도 진료소 건립을 위한 후원 음악회에 가본 적이 있다. 내가 갔던 음악회는 작곡가이자 가수인 노영심이 기획했던 공연으로 우리 집 둘째아이가 활동하고 있는 밴드 수리수리마하수리와 하림, One More Chance, 이문세 등 여러 뮤지션들이 참여했다. 여러 가지로 바쁜 사람들이 뜻을 모아 펼친 공연이라 그 의미가 더했는데, 공연 중간에 후원자들이 기증한 물건에 대한 경매가 이뤄지기도 했다. 외국인 노동자를 비롯해서 의료진, 성직자들, 그리고 일반 시민들까지 다양한 사람들이 참석해 공연을 즐겼다. 음악회에 앞서 지도 신부님께서 하신 말씀이 오래도록 기억에 남아 있다.

"외국인 노동자 아닌 사람이 있나요? 우리 역시 모두 외국인입니다. 인류의 조상은 아프리카에서 시작하여 전 세계로 이주한 셈이니까요. 우리나라에 온 제3세계의 외국인 노동자들이 이 땅에서 병을 얻었으니 최소한 이 땅에서 고쳐 주어야 하지 않겠습니까?"

많은 생각을 하게 하는 말씀이었다. 요즘 우리나라 사람들이 기피하는 3D업종에 일을 하러 온 외국인 노동자들이 낯선 땅에서 일하다가 병을 얻어 돌아가게 해서는 안 될 것이다. 그래서인지 그날 음악회의 주제도 '혼자선 아프지 말아요'였다.

음악회의 오프닝을 장식한 것은 수리수리마하수리였다. 둘째 정현이가 공연에 앞서 먼저 자신들의 음악을 이렇게 소개했다.

"저희가 하는 음악이 우리나라 사람들에겐 생소하겠지만 이곳에 참석한 외국인 노동자들에겐 그렇지 않을 겁니다."

왜냐하면 이슬람 국가에서 온 오마르와 함께 부르는 밴드의 음악이 지구음악을 지향하고 있어서 외국인 노동자들에겐 아주 친근하게 들렸기 때문이다. 다소 생소한 음악임에도 많은 사람이 박수로 호응해 주었다. 그런데 공연 중에 어떤 가수가 뜬금없이 이 자리에선 혼신을 다해 노래를 부르다가 쓰러져도 괜찮겠다며 농담조로 말했다. 그러고 보니 공연장에는 각 과의 의사들이 모두 모여 있었다. 그 덕에 관객들은 고개를 끄덕이며 한바탕 웃을 수 있었다. 참여한 뮤지션들은 모두 열정적으로 공연에 임했고 음악회의 분위기는 한껏 달아올랐다.

꽉 짜인 각본에 빈틈없이 돌아가는 공연은 아니었지만 오히려 가끔 실수가 나오는 다소 어설픈 모습들이 더 신선하게 다가오는 공연이었다. 공연 중에 들었던 라파엘 클리닉을 위한 노래, '혼자선 아프지 말아요'처럼 우리 모두가 외국인 노동자들의 아픔을 함께 느낄 수 있었으면 한다. 하루빨리 모금액이 달성되어 라파엘 클리닉이 새 보금자리를 꾸밀 수 있기를 기원하며 발길을 돌렸다.

안나의 집

안나의 집은 성남동 성당 옆에 있는 노숙자들을 위한 쉼터이다. 이 쉼터는 IMF사태로 우리나라 전체가 흔들렸던 1998년 7월에 설립되었다. 안나의 집은 천주교 교우인 오승철 마태오 형제님이 돌아가신 어머니를 기리기 위해 어려운 이웃과 노숙자들을 위한 식당을 열게 된 것이 그 시작이었다.

현재 안나의 집을 운영하는 분은 오블라띠 수도회 소속의 김하종 신부님이다. 김하종(본명 빈첸시오 보르도) 신부님은 이탈리아 사람으로 20년 전에 한국에 왔다. 1957년 이탈리아 비데르보에서 태어난 신부님은 1987년 로마대학을 졸업하며 사제로 서품되었는데 재학 중에는 동양철학 공부를 하기도 했다. 사제 서품 후 아프리카 세네갈에서 2년간 사목활동을 하다가 한국에는 1990년에 오게 되었다.

서강대에서 2년간 한국어를 공부하고 1992년 성남 신흥동성당의 보좌신부로 부임한 신부님은 1993년부터 수정구의 위탁으로 독거노인을 위한 급식활동을 시작했다. 신부님은 보좌신부로 일하면서 상대원동·은행동 등의 어려운 이웃들을 방문하고 "내가 갈 길은 어려운 이웃들의 손과 발이 되어 주는 것"이라며 교구사목 대신 현장사목을 선택하게 된다. 그리고 1998년, 식당을 운영하던 오승철 마태오 형제님의 권유로 안나의 집을 인수, 운영하게 되었다.

안나의 집에서 하는 일은 노숙인들을 위한 무료급식이 주를 이루지만 이외에 의료사업과 실업상담 활동도 하고 있다. 신부님의 인터뷰 기사에 따르면 무료급식을 하게 된 것은 식당을 운영하던 마태오 형제님의 건의가 있어서이고, 실업상담은 그곳을 찾아왔던 상담사가 자청해서 시작하게 되었다고 했다. 또 평소 자전거를 자주 이용하던 신부님은 오래전 교통사고를 당해 병원에 입원한 적이 있었다. 그런데 병원 의사가 신부님에게 무슨 일을 하는 분이냐고 묻기에 신부이며 어려운 사람을 위해서 급식소를 운영하고 있다고 답했더니, 이 말을 들은 의사가 자신도 가톨릭 신자인데 혹시 진료팀은 필요하지 않느냐고 물었다고 한다. 이렇게 시작된 무료 진료사업이 현재까지 이어지고 있는 것이다. 안나의 집에 관한 모든 일이 주변 사람들의 자원봉사로 시작되어 지금까지 운영되고 있는 셈이다.

우리 일행이 방문한 것은 토요일 오후 4시였다. 급식업무는 매일 오후 5시부터 7시 30분까지 운영된다. 그날은 구미동 성당 레

지오 팀에서 온 10명과 분당방송 진행자 6명이 봉사를 하는 날이었다. 노숙자들을 맞이하기 위하여 주방에서 떡국을 끓이고 식사 준비를 하고 있었다. 좌석은 모두 88석인데 1일 급식인원이 400여 명이기 때문에 약 2시간에 걸쳐 5교대 식사를 해야 했다.

얼마 전 내린 눈이 아직 녹지 않았는데 또 눈이 간간이 내리고 있었다. 공간이 넓지 못해 다른 사람들이 식사를 하는 동안 밖에서 기다려야 하는 불편함이 있었다. 그날은 예정된 급식 오픈 시간인 5시보다 조금 일찍 문을 열었다. 아무래도 밖에서 기다리는 분들을 생각하면 조금이라도 빨리 식사를 드리는 게 좋겠다 싶었기 때문이다. 안나의 집 이요한 형제님의 안내로 노숙자들이 차례로 입장했다. 매번 식당을 오픈하는 시간은 그곳에서 배식을 도와주고 있는 분들이나 배식을 받는 분들 모두 마음이 흡족해지는 순간이다. 급식이 거의 마무리되었을 때 방송진행자 한 사람이 벼룩시장을 운영해서 모은 수익금을 안나의 집 운영에 써달라며 신부님께 드렸다.

매번 느끼는 것이지만 봉사를 하다 보면 내가 베푸는 것보다 봉사하면서 스스로 느끼게 되는 기쁨이 크다는 생각이 든다. 뉴스에는 매일같이 우리 사회의 어둡고 좋지 않은 사건 사고들이 보도되지만 이렇게 보이지 않는 곳에서는 마음이 훈훈해지는 일을 묵묵히 하고 계신 분들이 있기에 그래도 아직은 살 만한 세상이라는 생각이 든다.

고슴도치와 여우, 난 어떤 타입인가?

　　　　　　　20세기 대표적 사상가, 이사야 벌린은 인간을 고슴도치와 여우 두 가지 타입으로 분류했다. 고슴도치 타입이 일관된 체계 속에서 사고를 한다면 여우는 모순이 되더라도 다양한 방식으로 사고를 추구하는 타입이다. 우리말에도 한 우물을 파라는 이야기가 있듯이 언뜻 생각하면 고슴도치처럼 우직하고 단순한 목표에 집중하는 것이 바람직하게 보일 수도 있다. 그러나 앞으로 인생에서 마주치게 될 무수한 변화를 예상하며 여우처럼 창조적으로 살아가야 한다는 견해도 있다. 여우 타입의 선택은 인생을 다양하게 살아가는 것을 목표로 하는 것이다.

　여우와 같이 다양한 삶을 살았던 대표적 인물이 슈바이처 박사이다. 슈바이처 박사는 1875년 독일의 알자스 지방에서 목사의 아들로 태어나 성서와 철학을 공부한 뒤 목사가 되었다. 그 후 모교 스트라스부르대학교의 성서학 강사로 학생들을 가르치기도 했다. 그는 성서학자로서 연구실적도 뛰어나 『역사적 예수의 탐구』, 『문학과 철학』 등 여러 저서를 남기기도 했다. 한편으로는 파리의 바흐협회 설립에 협력하여 그곳의 오르간 연주자로 일하고 『바흐의 오르간 작품집』을 펴낸 음악가이기도 하다.

대학에서 학생들을 가르치던 슈바이처는 아프리카 흑인들의 생활에 대해서 쓴 글을 읽고 부당한 대우를 받고 있는 흑인들을 구제하는 일에 헌신할 것을 결심한다. 그는 의술을 배우기 위해 어릴 때부터 뛰어난 재능을 보였던 파이프오르간 연주로 학비를 벌면서 뒤늦게 의학 공부를 시작했다. 그리고 1905년 마침내 의학국가시험에 합격해 의사가 되었다.

슈바이처는 청년시절 이미 30세까지는 학문과 예술 속에서 살고 그 후부터는 어려운 환경 속에서 살아가는 이웃을 돕기로 결심한 바 있었다. 그리고 1913년 그와 뜻을 같이하는 부인과 함께 아프리카로 떠난다. 그러나 병원의 운영이 처음부터 순조로웠던 것은 아니다. 자금이 모자라 병원 운영이 어렵게 되자 그는 기금을 모집하기 위해 유럽으로 돌아왔다. 그런데 공교롭게도 세계대전이 발발한 직후였던 터라 독일 첩보원으로 오해받아 수용소에 갇히는 처지가 된다. 이듬해 가까스로 수용소에서 풀려난 그는 6년간 모금운동을 벌인 후 다시 아프리카로 돌아갔다. 그렇게 모은 돈으로 아프리카에 병원을 다시 짓고 의료 활동을 재개하게 된다.

음악을 사랑했던 슈바이처는 아프리카 병원에서도 가끔씩 오르간을 연주하곤 했다. 조율할 사람이 없어 오르간 상태가 좋지는 않았지만 아프리카에 울려 퍼지는 그의 연주는 함께 봉사하고 있는 동료 의료진과 간호사들에게 없어서는 안 될 청량제였다.

검소한 생활을 했던 것으로 유명했던 슈바이처는 넥타이도 단 1개밖에 없었다. 그의 친구가 "나도 자네처럼 검소한 생활을 좋아하지만 넥타이는 서너 개쯤 갖고 있다네"라고 하자 그는 "목 하나에 왜 넥타이가 서너 개가 필요한가?"라고 반문했다고 한다. 어느덧 아프리카 흑인의 성인으로 존경받기 시작한 그는 1951년 아카데미프랑세즈의 회원이 되었고 위대한 박애정신을 인정받아 노벨평화상을 수상한다.

우리나라에도 슈바이처 박사와 같은 인물이 있다. 사람들은 그를 영등포의 슈바이처라고 불렀다. 바로 노숙자와 같이 의료혜택에서 소외된 사람들을 위해 요셉의원을 설립한 고 선우경식 원장이다. 그는 가톨릭의대를 거쳐 미국 유학을 다녀온 후 모 사립대학병원의 내과 과장으로 일했다. 그러다가 신림동 철거민을 위한 의료봉사를 계기로 대학병원 과장직을 버리고 스스로 낮은 곳으로 내려온다. 그리고 1987년 무료 자선병원인 요셉의원을 설립했다.

지금까지 수십만 명의 영세민 환자와 노숙자, 외국인 근로자가 이 병원을 거쳐 갔다. 선우 원장은 결혼도 하지 않고 선친이 물려준 작은 집에서 노모를 모시고 살았다. 형제들이 미국으로 건너오라 했지만 그는 오직 병원 운영에만 전력을 다했다. 선우 원장은 그 박애정신을 인정받아 2003년 호암상을 받았다.

그러나 환자들을 살피느라 자기 몸은 돌보지 못했던 탓에 위암에 걸린 것을 뒤늦게 알게 된다. 손을 쓰기에는 너무 늦은 후라 안타깝게도 63세를 일기로 강남성모병원에서 운명했다. 슈바이처 박사가 여우와 같이 다양한 삶을 살았다면 선우경식 원장은 고슴도치와 같이 한 우물을 판 인생을 살았던 셈이다. 여우와 같은 삶을 살았든, 고슴도치와 같은 삶을 살았든 두 분의 삶이 우리에게 주는 감동은 더할 수 없이 크다.

이사야 벌린은 러시아의 작가 톨스토이의 작품 『전쟁과 평화』를 통해 그가 고슴도치 타입인지 여우 타입인지를 구별하고자 했다. 이사야 벌린에 따르면 톨스토이는 고슴도치 타입으로 살기를 원했지만 본질적으로 여우 타입의 인간이었다. 이사야 벌린은 한쪽으로 치우치지 않는 고슴도치와 여우 타입의 조화를 추구하며 사는 것이 올바른 삶의 방향이라고 제시한다.

살다 보면 톨스토이와 같이 고슴도치 타입으로 살기를 원하지만 여우처럼 살아가는 사람도 있을 것이고, 여우처럼 살아가기를 원하지만 고슴도치처럼 살아가는 사람도 있을 것이다. 나는 고슴도치 타입인가? 여우 타입인가? 아니면 조화를 이루면서 살아온 타입인가? 생각해 보니 어떤 시기에는 고슴도치 타입으로 살아온 것 같고, 또 어떤 시기엔 여우 타입으로 살아온 것 같다. 어쩌면 나 역시 톨스토이처럼 고슴도치 타입으로 살기를 원했지만 본질적으론 여우 타입의 인간이 아니었을까 싶다.

시각장애인의 어려움을 체험하다

우리 몸이 천 냥이면 눈이 구백 냥이란 말이 있다. 그만큼 우리 눈이 중요하단 뜻이다. 실제로 학자들의 연구에 의하면 우리가 얻는 정보의 90% 이상이 눈을 통해 들어오는 것이라고 한다. 그러나 우리 사회에는 눈으로 사물을 볼 수 없는 사람들이 꽤 많다. 우리나라에 등록된 시각장애인이 28만 명, 등록되지 않은 사람까지 포함하면 약 50만 명으로 추산되고 있다.

그런데 이들이 정보를 습득하는 점자도서관은 얼마나 될까? 안타깝게도 40년 전에는 1개밖에 없었고 현재는 40개 정도 있다. 그러나 이 중에서 국립은 한 곳밖에 없고 대부분의 점자도서관이 사립으로 운영되고 있다. 오랫동안 국내 유일의 점자도서관이었던 곳도 시각장애인인 고 육병일 선생이 사재를 털어 직접 설립한 곳이었다.

내가 시각장애인들을 위해 도서낭독봉사를 하고 있는 곳은 하상점자도서관이다. 가까운 지인의 소개로 이 시설을 찾아 자원봉사신청을 하고 음성테스트를 거친 후 교육을 받게 되었는데 그때의 체험교육을 지금도 잊을 수 없다. 시각장애인의 고충을 이해하기 위하여 안대로 눈을 가리고 약 30분간 거리를 걷는 과정이었다. 시각장애인이 갖고 다니는 알루미늄 스틱을 지참하기는 했지만 처음이다 보니 같은 교육생의 팔꿈치를 잡고 거리를 나섰다.

처음에 가볍기만 했던 스틱은 시간이 갈수록 무거워졌고, 도대체 앞이 보이질 않으니 두려워서 잘 걸을 수도 없었다. 자동차의 서행을 유도하고자 설치한 과속방지턱에 걸려 넘어질 뻔했고 대로변에 나서니 옆에서 들리는 자동차 소리가 곧 나를 덮칠 것 같은 생각이 들었다. 도로를 횡단하는 일이 목숨을 거는 위험한 일이었던 것이다. 그런 체험을 하고 나서야 비로소 정상인이 짐작하는 시각장애인의 고충과 실제 시각장애인의 그것과는 많은 차이가 있음을 알게 되었다.

하상점자도서관에는 점자도서 외에 책을 낭독해 녹음한 것을 MP3파일이나 테이프로 만들어 보관하고 있다. 아무래도 점자도서는 제작비용이 비싸고 시각장애인이 내용을 해득하는 데 시간이 걸리기 때문에 선호하고 있는 방법이다. 도서관에 있는 7개의 스튜디오에서 100여 명의 봉사자들이 1주일에 1회 이상 책을 녹음한다. 그리고 이렇게 녹음된 책을 이곳에 등록된 5천여 명의 시각장애인들이 활용하고 있다.

그런데 놀라운 일이 일어났다. 이곳 점자도서관을 이용하던 25세의 시각장애인 여학생이 미국 미네소타대학교 로스쿨에 합격한 것이다. 그녀는 망막색소변성증이라는 희귀한 병을 갖고 태어나 앞을 보지 못했지만 어머니의 눈물 어린 정성으로 부산 맹학교를 졸업한 뒤 공주대학교에서 학사과정을 마쳤다. 그 후 서울에 와서 유학준비를 했는데 그녀에게 도서를 점역해 준 곳이 바로 하상점자도서관이었다. 그녀는 시각장애인으로는 우리나라 최초로 미국 명문대 로스쿨에 진학하게 된 것이다. 신문을 통해 그 소식을 접하니 꼭 내 일처럼 기뻤다. 그녀가 좋은 성적을 받고 귀국하여 우리 사회를 위해 보람된 일을 하게 되길 기대한다.

　　연구 자료를 보니 시각장애인의 90% 이상이 생후 1년 이후에 발생한 후천성 장애라고 한다. 그리고 그 절반이 40세 이후에 생겼다고 한다. 이것은 누구나가 다 장애가 생길 수 있음을 의미한다. 우리 모두 언제든 장애를 갖게 될 수 있다는 것을 생각한다면 어려움을 겪고 있는 우리 이웃들에게 관심을 갖고 도움을 주는 일에 주저해서는 안 될 것이다.

카풀로 만난 인연

　　　　　　　직장생활을 할 때 직접 차를 몰고 다녔는
데 한번은 차를 정비해야 할 일이 있어서 버스를 이용한 적이 있
다. 배차간격이 길어서 그런지 한참을 기다려도 버스가 오지 않
았다. 그런데 혼자 출근하는 자가용들이 눈에 많이 띄었다. 문득
그 차들을 보며 같은 방향이면 나 좀 태우고 갔으면 좋으련만 하
는 생각이 들었다. 한참 만에 온 버스를 타고 가며 내일부터는 내
가 그런 일을 직접 실천하리라 결심했다.

　그다음 날부터 나는 버스정류장으로 가서 기다리던 손님들을
태우기 시작했다. 처음에는 사람들이 이상하게 생각했는지 잘 타
지 않으려 했다. 심지어 자가용 영업을 하는 사람으로 오해하는
사람도 있었다. 그래도 카풀을 하며 많은 사람을 만날 수 있었다.
그 사람들과 함께하는 출근길에 재미있는 이야기를 나누기도 했
다. 어떤 때는 내 친구의 옛 직장상사를 만나기도 했고, 어떤 때는
할머니, 할아버지를 모시기도 하며 여러 계층의 다양한 사람들과

인연을 맺었다.

카풀을 했던 사람들은 내릴 때 하나같이 내게 고마움을 표했다. 그럴 때마다 나는 "여러분을 모셔다 드리며 하루를 즐겁게 시작할 수 있었으니 오히려 내가 더 고맙다"고 했다. 그런데 어느 날 아내가 이런 걱정을 하는 것이다.

"여보, 당신 의도는 좋지만 혹시라도 교통사고가 나면 당신이 다 책임을 져야 해요."

그 소리를 들으니 덜컥 겁이 났다. 그래서 그다음 날부턴 운전을 더 조심해서 하게 되었다. 이렇게 갖게 된 운전습관도 카풀을 하며 얻은 소득 중 하나이다.

카풀과 관련된 에피소드는 손에 꼽을 수 없을 정도로 많다. 어느 날은 버스정류장에 단 한 사람만 서 있었다. 캐주얼 복장을 했기에 어디 놀러 가냐고 했더니 직장에 출근하는 길이라고 했다. 알고 보니 직업이 한의사였다. 덕분에 차를 타고 가며 건강 상담도 할 수 있었다. 그런데 몇 달 후 그를 버스정류장에서 또 만났다. 그날도 내 차를 타고 가며 "자기가 차를 두고 와서 버스를 기다린 적이 딱 두 번 있는데 그때마다 나를 만났다"는 이야기를 했다. 참 묘한 인연이란 생각이 들었다. 그 후 그는 직장을 분당으로 옮겼고 우리 가족은 그가 개설한 한의원에 다니기도 했다. 그는 가끔 해외의료봉사도 나가곤 했는데 해외에 다녀오면서 가져온 것이라며 내게 커피를 선물하기도 했다.

카풀에서 만났던 사람 중 기억에 남는 또 다른 한 사람은 벤처기업 사장이었다. 사장이라 하지만 나이는 젊었다. 그는 나에게 차를 태워줘서 고맙다면서 자기도 다음부터 나처럼 카풀을 해야 겠다고 했다. 다른 어떤 감사의 말보다도 그 말을 들으니 기분이 참 좋았다. 나의 조그만 수고가 다른 사람에게 전파된다는 사실에 마음이 뿌듯했다. 그 당시 나는 벤처기업에 대한 컨설팅도 하고 있었기에 그에게 몇 마디 조언을 해주기도 했다.

은퇴를 한 지금은 그럴 기회가 없지만 지금 생각해도 참 좋은 추억이다. 요즘도 간혹 '아름다운인생학교'에 출근할 때 집 앞의 버스정류장에서 사람들을 태워가곤 한다. 혹시 우리 아이들도 나중에 차를 갖게 되어 자가용으로 출퇴근을 하게 되면 카풀을 했으면 한다. 차를 이용하는 사람들에겐 편리함을 줄 수 있어 좋고, 우리 아이들은 많은 사람들로부터 여러 가지를 배울 수 있는 좋은 경험이 될 것이다.

물건을 사기보단 경험을 사라

독서클럽을 함께하고 있는 친구들과 가끔은 책을 접고 영화관을 찾는다. 주로 찾아가는 곳은 예술영화를 상영하는 극장이다. 그런데 문제는 이런 예술영화관이 점점 문을 닫고 있다는 것이다. 오래전 동숭동에 있는 예술영화관 하이퍼텍나다를 찾은 적이 있다. 관객은 우리 일행 3명을 합쳐 모두 6명. 우리 일행은 좋았지만 극장을 운영하는 사람이 참 힘들겠다는 생각이 들었다. 안타깝게도 얼마 후 하이퍼텍나다는 문을 닫았다.

허리우드 극장도 가끔 찾는 곳이다. 그곳에서는 주로 흘러간 옛 명화를 상영한다. 영화를 좋아하는 입장에서는 주관적 의견일지는 모르지만 영화의 발전이 1960~70년대에 끝난 것이 아닌가 하는 생각이 들 때가 있다. 물론 그동안 기술의 발전은 있었을 것이다. 그러나 요즘은 영화를 만드는 데 천문학적인 돈을 쏟아붓고 있는 것에 비해서 스토리를 전개하는 기획력은 예전만 못한 것 같다는 느낌이 든다. 그래서 나는 요즘 새로 나온 영화보다는 지난 영화를 즐겨 보는 편이다.

그래도 허리우드 극장은 갈 때마다 관객이 꽤 있었기에 극장 운영이 어려울 것이라고는 짐작하지 못했다. 그런데 어느 매체에서 허리우드 극장을 운영하는 김은주 대표의 글을 볼 기회가 있었다. 개인 사비를 갖고 극장을 운영하다 보니 재정적으로 많은 어려움을 겪고 있다는 내용이었다. 집을 담보로 대출받는 것은 물론이고, 타고 다니던 자동차까지 팔았다는 것이다. 그러고도 3천만 원이 부족해 부도 위기에까지 몰렸다고 한다. 그러던 어느 날 지인 한 사람이 김 대표에게 "늘 웃는 상이더니 왜 오늘은 얼굴이 어둡냐?"라고 물었다. 지인이라곤 하지만 두 번밖에 만난 적이 없는 사람이었다. 실버영화관을 운영하는 사람이 누구인지 궁금하다며 직원들에게 주소를 물어 선물을 보내준 것이 첫 인연이었고, 두 번째로 김 대표가 감사의 표시로 식사를 대접한 것이 전부였다. 김 대표는 망설이다가 어려운 사정을 이야기했는데 그 지인이 그날 바로 김 대표에게 3천만 원을 건넸다. "내가 해결해 줄 수 있는 일이라 다행이다"라고 하면서 말이다. 김 대표는 당시 무척 감동을 받았고 본인이 지금 하고 있는 일을 죽을 만큼 열심히 해야 하는 이유를 찾았다고 한다.

돈을 버는 것도 중요하지만 돈을 쓴다면 이렇게 써야 하지 않을까? 잘 알지 못하는 한 사람의 호의가 있었기에 다른 여러 사람들이 여전히 극장에서 삶의 고단함을 달랠 수 있게 된 것이다.

그런데 김은주 대표는 왜 사비까지 털어가며 허리우드 극장을 운영하고 있을까? 그건 그녀를 필요로 하는 사람이 있기 때문이다. 인생을 살다 보면 여러 사람이 혜택을 보지만 돈이 안 되는 일이 있다. 크게는 국방에서 작게는 길가의 가로등도 공공을 위한 투자이다. 보통 이런 일들은 정부나 공공기관에서 맡아 운영한다. 그러나 정부에서 할 수 있는 일은 지극히 제한적이다. 그래서 때로는 개인들이 나서서 이런 일을 대신하기도 한다.

인생학교를 연 지 얼마 되지 않았을 때의 일이다. 몇몇 사람들이 찾아와 이런 공간이 생기기를 그동안 기다렸다며 반색했다. 물론 덕담으로 하는 이야기였겠지만 듣는 나에게는 큰 힘이 되었다. 그런데 강의 공간을 꾸미는 일이 생각보다 쉽지 않았다. 인테리어를 단순하게 한다고 했는데도 손이 가는 곳이 제법 많았다. 회사에서는 비서나 부하직원들이 다 알아서 해주었지만 은퇴 후에는 모든 걸 혼자 해야 하다 보니 어려움이 많았다. 하다못해 컴퓨터에 공유기를 연결하는 것이나 빔 프로젝트를 작동하는 것까지 어느 것 하나 쉬운 일이 없었다. 나이가 들어 공연히 번거로운 일을 시작한 것이 아닌가 싶어 친구에게 물었더니 "나이가 들어선 번거로운 일도 필요하다"라고 답한다. "그렇지!" 하며 우리는 서로를 바라보고 웃었다. 지금은 비록 힘들지만 우리가 흘리는 땀이 나중에 좋은 추억이 되리라 믿는다.

한번은 뉴스를 보는데 백화점이 문을 열기도 전에 손님들이 문전성시를 이루던 모습이 보도된 적이 있었다. 내용을 알아보니 그날이 명품 브랜드의 세일이 시작되는 날이었다. 백화점 앞에 있던 그들은 백화점이 개점하면 다른 사람보다 빨리 들어가 좋은 물건을 고르려고 기다리고 있는 사람들이었다.

삶을 살다 보면 물건을 사는 데 돈을 쓰기보단 경험을 쌓는 데 돈을 쓰는 게 훨씬 좋다는 걸 느낀다. 물건은 시간이 갈수록 그 가치가 사라지지만 경험은 우리 속에 남아 시간이 갈수록 그 가치가 커지기 때문이다. '아름다운인생학교'를 운영하면서 겪게 되는 새로운 경험도 시간이 갈수록 나에게 더 많은 지혜를 줄 것이라고 기대한다.

어느 은퇴한 음악가가 남기고 간 선물

미국 코네티컷 주에는 인근 호스피스 병원을 방문하여 입원 중인 환자들에게 음악을 들려주며 그들의 아픔을 위로하는 나이 많은 바이올리니스트가 있다. 오케스트라에서 은퇴를 한 후 병원 곳곳을 다니며 연주를 하는 그는 만나는 환자 한 사람 한 사람에게 고향을 물었다. 그리고 아일랜드계 환자에게는 아일랜드 민요나 자장가를, 독일계 환자에게는 독일 가곡이나 로렐라이 같은 노래를 들려주었다. 우리나라 환자라면 아마 아리랑이 될 것이다. 각 환자에게 친숙한 고향의 노래를 침대 옆에서 연주해 주면 환자들은 눈물을 흘리며 그리운 멜로디에 귀를 기울였다. 그리고 자신의 어린 시절을 추억하며 마음을 열고 이야기를 시작한다.

죽음을 앞둔 환자들에게 얼마나 많은 삶의 응어리들이 있겠는가? 이들은 음악이 재현해 내는 지난날의 회상에 힘입어 현재를 받아들이고 감사하는 마음을 갖게 된다. 또한 음악을 듣는 데 몰

입하느라 평소 그들을 괴롭히던 병마의 고통에서 잠시 벗어나기
도 했다.

우리나라에도 유사한 사례가 있었다. 은퇴한 노 음악가가 환자
들을 위하여 바이올린을 연주해 준 것이다. 동경음대를 졸업한
원로 작곡가 조넘 선생님이 바로 그분이다. 조 선생님도 호스피
스센터에 입원 중이었는데 폐암으로 가쁜 숨을 몰아쉬면서도 그
곳의 환자들을 위해 바이올린을 연주했다.

임종에 대한 두려움, 병마와 싸우는 고통 가운데서도 무엇이
그분에게 그런 힘을 주었던 것일까? 나는 조 선생님에 관한 이야
기가 듣고 싶어서 생전 입원해 있었던 그 호스피스센터를 찾아
갔다.

원목 수녀인 마리안느 수녀님은 "말씀도 조용히 하셨으며 참
점잖은 분이셨다"고 그분을 기억했다. 그리고 조 선생님뿐만 아
니라 선생님의 아들도 병원에서 연주를 하곤 했다고 한다. 한번
은 수녀님이 "아드님이 바이올린을 켜 주니 좋으시죠?"라고 하
니 연주 실력이 아직 멀었다며 손사래를 치셨단다. 나이가 아무
리 들어도 아비지에게 아들은 항상 어린아이처럼 생각되는 모양
이다.

안타깝게도 조 선생님은 그곳에서 투병 생활과 함께 봉사를 하
시다 돌아가셨다. 하지만 호스피스 병원 안에는 여전히 그분이
남긴 바이올린 연주의 여운이 남아 들리는 듯했다. 그분의 연주

덕분에 병상에 있던 많은 사람들이 음악과 함께 조금은 더 평안한 임종을 맞이할 수 있지 않았을까?

최근 '아름다운인생학교'에서도 바이올린 연구반을 개설했다. 연구반 사람들은 바이올린을 배워서 조녑 선생님처럼 정기적으로 인근 병원을 방문해 환자들에게 음악을 연주해주고 싶다는 꿈을 갖고 있다. 이들의 바이올린 소리가 투병으로 지쳐 있는 환자들에게 위로를 줄 수 있길 기대해 본다.

현역에서 활동하고 있는 전문 연주가 중에도 벌써 여러 해 전부터 틈틈이 병원을 찾아 입원 중인 환자들에게 음악봉사를 하고 있는 분들이 있다. 바로 조이앙상블의 단원들이다. 이들은 매월 둘째 금요일 오전 11시 분당 서울대병원을 찾아 로비에서 환자와 보호자들을 위해 음악을 들려준다.

쫓기듯 바쁘게만 살지 말고 한번쯤은 우리에게 정말 무엇이 소중한 것인지, 다른 사람들은 어떻게 행복을 느끼는지 생각해보는 것도 필요할 것이다. 삶의 만족도에 관한 학자들의 연구에 의하면 수동적으로 TV를 보는 것보다 다른 사람과 함께 목표지향적인 활동을 하는 것이 훨씬 만족도가 크다고 한다.

성남아트센터에서 발행하는 월간지의 객원기자로 글을 쓸 때였다. 하루는 이들을 취재하기 위해 분당 서울대병원을 방문했다. 여느 때와 마찬가지로 이들은 그곳 로비에서 음악을 연주하고 있었다. 그런데 객석 옆에 서서 울고 있는 여자가 있었다. 단원 중한 사람이 그녀에게 다가가 무슨 일인지를 물었다. 연주가 끝나고 단원들과 인터뷰를 하며 그녀와 무슨 이야기를 나누었는지 물어보았다. 그녀는 암이 재발되어 병원을 다시 찾은 환자였다. 몹시 상심해 있던 차에 음악소리를 따라 온 것이다. 처음에는 '내가 앞으로 이런 음악을 듣기 어렵겠구나' 하는 생각에 눈물을 흘렸는데 음악을 듣다 보니 '어떻게 해서든 암을 극복해 이 음악을 다시 들어야겠다'는 강한 의지가 생겼다고 하더란다.

그날 연주자들이 의도를 했건 하지 않았건, 그들의 연주가 그녀에겐 큰 힘이 된 것이다. 때로는 내가 하는 일이 사람들에게 얼마나 도움이 될까 망설여질 수도 있을 것이다. 하지만 연주자들의 음악으로 1명의 환자에게 의지를 심어 주었듯 내가 한 일이 이렇게 우연히 한 생명을 구하는 일이 될 수도 있다.

살아가면서 우리가 행한 일들은 어떤 형태로든 다른 사람들에게 영향을 미치게 된다. 불교에선 이런 것을 일컬어 업이라고 한다. 나쁜 업을 쌓아 다음 생에 업보를 받게 될까 걱정해서가 아니라 될 수 있으면 가급적 다른 사람과의 관계에서 좋은 업을 쌓아야겠다는 생각이 들었다. 그래야 살아가는 동안 나 자신도 기쁘지 않겠는가.

자신이 좋아하는 일을 직업으로 삼다

　　　　　　　바이올리니스트 정경화가 인터뷰한 글을 본 적이 있다. 원래는 피아노를 치고 싶었는데 피아노는 너무 커서 갖고 다닐 수가 없었기 때문에 항상 몸에 지닐 수 있는 바이올린을 전공하게 되었다는 이야기였다. 사실 나도 취미로 콘트라베이스를 연주하고 있지만 이것도 갖고 다니기가 무척 불편하다. 그런데 악기가 만약 하프 정도의 크기라도 된다면 남의 도움 없이는 이동하기가 어렵다. 이런 불편함을 겪고 나니 처음 배우고 싶은 악기를 선정할 때 악기의 크기도 하나의 기준이 되어야겠다는 생각이 들었다. 휴대하기가 좋아야 연습도 자주 할 수 있고, 어디서든 연주를 할 수 있을 테니 말이다.

　그런 의미에서 보면 현악기인 만돌린도 갖고 다니며 연주하기 좋은 악기이다. 만돌린은 크기도 음역도 바이올린과 비슷하다. 작은 모양이 귀엽기도 하지만 소리 또한 맑고 고와서 많은 사람들이 배우고 싶어 하는 악기 중 하나다. 비올족의 악기가 바이올린·비올라·첼로·콘트라베이스로 구성되어 있는 것처럼 만돌린족의 악기도 만돌리노·만돌라·만도첼로·만도로네로 구성되어 있고, 악기의 특성도 비올족의 악기와 흡사하다.

이탈리아는 물론이거니와 이웃나라인 일본만 하더라도 만돌린 연주단체가 700여 개에 달할 정도로 만돌린의 인기가 대단하다. 하지만 우리나라에는 연주단체가 그리 많지 않다. 그나마 내가 살고 있는 분당에 만돌린 연주단체가 3개나 되는 것은 다행이다. 이탈리아에 살고 있는 지인의 이야기를 들으니 나폴리와 파도바에 유명한 만돌린 음악학교가 있는데 특히 파도바에 유명한 교수들이 많다고 한다.

우리나라의 만돌린 연주가 K도 파도바에 있는 음악학교에서 7년 과정의 만돌린 수업을 이수했다. 그의 말로는 지금까지 동양에서 3명이 이수했는데 그중 2명이 일본인이고, 한국인으로는 자신이 유일하다고 한다. 그는 대학에서 전기공학을 전공했는데 재학 중에 동아리 활동을 통해 만돌린을 배웠다. 대학을 졸업하고 현대그룹에 입사하여 근무하던 중 39세라는 늦은 나이에 이탈리아로 만돌린 유학을 떠났다.

유학을 가기 전 K는 이미 이화여대에서 만돌린을 가르치고 있었는데 남을 가르치기 위해서는 실력을 더 닦아야 하지 않겠냐는 아내의 권유로 유학을 결심하게 됐다고 한다. 고심 끝에 K는 직장에 사표를 내고 이탈리아로 유학을 가서 만돌린 공부를 시작했다. 어려운 여건 속에서 7년 과정의 수업을 4년 만에 마친 그는 이탈리아 브레시아 만돌린 오케스트라에서 제1만돌린 주자로 활동하기도 했다. 이후 한국에 돌아온 그는 만돌린을 보급하기 위해 여러 곳에서 만돌린 강습을 하고 있다.

언젠가 그에게 "직장생활을 계속 하였으면 지금쯤 CEO나 임원이 되었을지도 모를 텐데 회사를 그만두고 만돌린을 한 거 후회 안 합니까?"라고 물으니 그런 생각은 전혀 없다고 했다. 지금껏 직장에 있었으면 이제 곧 물러날 나이인데 만돌린 연주는 앞으로도 오랫동안 할 수 있으니 오히려 선택을 잘했다는 생각이 든다는 것이다. K는 정말 자기가 원하는 삶을 선택해 살고 있는 것 같아 보기 좋았다.

K는 연주활동을 많이 하는 편인데 그중에서도 특히 자선음악회 참여가 많다. 그런데 그가 이렇게 자선음악회를 많이 개최하게 된 데는 사연이 있다. 그가 학교에서 만돌린을 가르치고 있을 때 자기에게 만돌린을 배우던 시각장애인 후배가 있었다고 한다. 어느 날 지하철에서 누군가 실족해 사망했다는 뉴스를 듣고 그저 참 안된 일이라고만 생각했는데 알고 보니 그 사람이 바로 자신의 후배였던 것이다. 시각장애인이다 보니 사람들 틈에 떠밀려 실족사를 하게 된 것이다. 그는 큰 충격을 받았고 그 후부터 후배를 생각하며 시각장애인을 위한 음악회를 열기 시작했다.

이 음악회는 지금도 계속되고 있는데 얼마 전에도 안구기증운동협회와 함께하는 자선음악회가 열렸다. 우리나라에는 시각장애로 실명한 사람이 20만 명에 이른다. 이 중 10%인 2만 명은 각막 혼탁으로 이해 실명한 사람들로, 기증된 안구만 있으면 각막이식 수술을 통해 시력을 되찾을 수 있다. 김수환 추기경께서도 임종 시에 각막을 기증하셔서 덕분에 한 사람의 시각장애인이 시력을 찾게 되었음은 온 국민이 알고 있는 사실이다.

K는 시각장애인을 위한 음악회 외에도 소년소녀 가장 돕기 음악회도 개최하고 장애인편의시설촉진연대와 연합한 음악회도 열고 있다. K가 살고 있는 인생을 보고 있자니 사람이 살아가면서 눈앞의 현실만 보고 직업을 선택하기보다는 자신이 좋아하는 일을 직업으로 선택하는 것이 더 중요하겠다는 생각이 들었다. 부디 K가 하고자 하는 일들이 잘 이루어져 우리나라 음악계는 물론 우리 사회에 좋은 선례가 되기를 기원해 본다.

종지기가 되고 싶었던 판사

　　　　　　간혹 영화를 보면서 울어 본 적은 있지만 책을 읽으면서 그러기는 쉽지 않다. 독서를 할 땐 좀 더 이성적인 사고를 하기 때문일까? 지금까지 책을 읽으면서 울었던 것은 딱 두 번 있었다. 그 책 중 하나가 고 김홍섭 판사의 책 『무상을 넘어서』이다.

　　1915년 전북 김제에서 태어난 김홍섭 판사는 어렸을 때 에이브러햄 링컨의 위인전을 읽고 감동해 법률 공부를 하기로 결심했다고 한다. 20세 때 일본인 변호사 밑에서 일하면서 공부를 했고, 24세에는 도쿄로 유학을 떠나 일본 대학에 입학했지만 1년 만에 중퇴하고 귀국했다. 그리고 그해 조선변호사시험에 합격하면서 법률가의 길을 걷게 된다.

　　언젠가 사법연수원 수료생들에게 가장 존경하는 법관을 꼽으라고 하니 초대 대법원장을 지냈던 가인 김병로 선생과 김홍섭 판사를 꼽았다는 기사를 읽은 적이 있다. 이미 돌아가신 지 40년

이 훨씬 넘었는데도 이들을 기억하는 건 왜일까? 김병로 선생은 이승만 독재정권에 반발하여 사법부의 독립을 지키려고 노력했기 때문이고, 김홍섭 판사는 청렴한 자세와 사도 판사로 유명했기 때문이 아닐까 싶다.

사형제도의 폐지를 부르짖었던 김 판사는 사형수에게 남달리 깊은 동정을 쏟았다. 독실한 가톨릭 신자였던 그는 법으로는 어쩔 수 없는 사형수에 대하여 종교적인 구원에 전력을 다했다. 바쁜 일과 중에도 시간을 내 교도소로 사형수들을 찾아다니며 그들의 정신적인 아버지가 되어 왔던 일은 널리 알려진 이야기이다.

김홍섭 판사는 처음에는 기독교 신자였다. 그러다가 어느 절을 찾아 오랫동안 불교를 연구하기도 했다. 절에서도 만족을 하지 못했던 그는 결국 38세라는 늦은 나이에 가톨릭에 귀의하게 된다. 그가 결혼 전에 가톨릭을 알았더라면 수도원에 들어갔을 거라는 부인의 말씀처럼 법관 재직 시에도 수도자와 같은 생활을 했다. 그는 부인과 8남매를 두었는데 이들을 다 키우고는 수도원에 들어가 여생을 종지기로 지내고 싶다는 소원을 밝히기도 했다. 그러나 일찍 운명을 하게 되어 이 소원은 이루지 못했다.

그는 양복을 지어 입는 일이 없을 성도로 평소 검소한 생활을 했다. 양복은 시장에서 중고품을 사 입었고, 코트는 미군 모포지를 염색해서 입었다. 심지어 신발은 검정 고무신을 신고 출퇴근하는 경우가 많았다고 한다. 존경받는 판사였지만 판사 티는 조금도 내지 않는 사람이었다.

그가 전교를 위하여 강원도에 다닐 때 일이다. 버스가 검문소에 정차하고 경찰이 올라와 승객들을 검문했다. 경찰이 그의 앞에 다가와 물었다.

"뭐하는 분입니까?"

"판사입니다."

"판사? 신분증 좀 봅시다."

그는 신분증을 꺼내 경관에게 내주면서 말했다.

"판사를 판사라고 하지 뭐라고 합니까?"

신분증을 보고 그가 대법원 판사인 것을 확인한 경찰은 깜짝 놀라 경례하며 난처해했다고 한다.

한번은 그가 몸이 아파 관용차를 타고 병원에 입원하러 간 적이 있었다. 부인이 그를 부축하기 위해 차에 오르자 부인에게 당신은 이 차를 탈 수 없으니 내리라고 했다는 것이다. 때문에 부인은 부득이 택시를 타고 뒤를 따라갔다는 일화도 전해진다. 너무하다 싶을 정도로 공과 사를 분명히 하신 분이었다.

재판에 배석했던 다른 법관이 김 판사를 기억하며 쓴 글도 있다. 세상을 뒤흔들었던 끔찍한 사건의 피고인들을 앞에 세워 놓고는 자식에게 타이르듯 온갖 정성을 다하여 그들의 입장을 이해하려 했다고 한다. 고요한 법정에 부드럽고 온화한 김홍섭 판사의 목소리가 낮게 울리면 피고인들은 눈물을 흘리며 그들이 저지른 사실을 참회하듯 순순히 진술했다는 것이다. 김홍섭 판사는 피고인들에게 형량을 선고하면서 목이 메 말문을 잇지 못했다.

그는 머리를 숙인 채 한참 묵념을 하다가 다시 말을 이어갔다.

"하느님의 눈으로 보면 어느 편이 죄인일는지 알 수 없는 노릇입니다. 이 사람의 능력이 부족하여 여러분을 죄인이라 단언하는 것이니 그 점 이해하여 주기 바랍니다."

그는 법정에서 부득이 사형선고를 내리고 나서도 교도소로 그 사형수를 찾아갔다. 자기의 직책상 달리할 수 없어 사형 언도를 내렸지만 심히 미안한 일이라고 양해를 구하고 나서 가톨릭에 귀의하기를 권했다. 김홍섭 판사의 이런 노력으로 많은 사형수들이 영세 입교했다고 한다. 성탄 때가 되면 그는 전국 교도소에 있는 자기 대자들에게 매번 친필로 뜻깊은 축하 편지를 보냈다. 또한 박봉을 털어 이들을 보살펴 주었다. 그러나 그런 일에 관해선 일절 남에게 이야기하지 않아 자세히 알 길은 없다.

최근 뉴스를 보니 타의 모범이 될 법조계가 그렇지 못한 것 같아 안타깝다. 젊은 판사가 아버지뻘 되는 피고인에게 막말을 하는가 하면, 경험 많은 판사들은 전관예우의 관행으로 기득권을 누리고 있다. 과연 돈도 없고 배경도 없는 불쌍한 서민의 눈물은 누가 닦아 줄 것인가?

어려운 때일수록 돌아가신 분들의 공백이 너무 큼을 느낀다. 먹고살기가 나아졌다고는 하나 이렇게 마음이 공허한 것은 우리 곁에 있었으면 하는 분들의 부재 때문이지 않을까 하는 아쉬운 마음이 든다.

당신을 잊지 않겠습니다

　　그날은 일요일이었다. 게다가 기온이 뚝 떨어져 몹시 쌀쌀한 날이었지만 아침 일찍 회사에 출근해야 했다. 직원들과 함께 춘천에 있는 정신지체아 시설에 위문을 가기로 한 날이었기 때문이다. 아침 일찍 서울을 출발해 두 시간 남짓 걸려 목적지에 도착했다. 이른 시간이었는데도 시설 관계자분들은 벌써부터 말끔히 청소를 해놓고 우리를 반갑게 맞아 주었다.

　　우리는 기다리던 관계자들과 인사를 나누고 안으로 들어갔다. 오랜만에 방문객을 만나서 그런지 아이들이 몹시 반가워하며 와락 품에 안겼다. 처음 가 보는 곳이라 어떤 일이 발생할지 몰라 은근히 걱정했는데 모두 기우였다. 우리는 곧 그곳 분위기에 익숙해졌다. 갖고 간 위문품을 전달한 후 아이들과 춤도 추고 노래도 부르며 즐거운 시간을 보냈다.

　　직원들이 그렇게 원생들과 시간을 보내고 있을 때 나는 그곳에 근무하는 어느 사회복지사와 이야기를 나눌 기회가 있었다. 나는 그곳 시설 현황에 대해 이야기를 듣다가 가장 큰 애로사항이 무엇이냐고 물었다. 그랬더니 사회복지사는 어려운 환경에서 일하는 건 괜찮지만 아무도 내가 하는 일에 관심을 기울여 주지 않을 때가 힘들다며 눈물을 글썽였다. 그런 이야기를 듣고 나니 나도 마음이 무거웠다.

오후 늦게 그곳 원생들과 작별인사를 나누고 춘천을 떠났다. 서울로 돌아오는 길에 많은 생각들이 들었다. 위문이랍시고 이렇게 한 번 갔다 오면 그것으로 우리가 할 일은 끝난 것일까? 동시에 내게 자신의 어려움을 토로했던 사회복지사의 모습이 떠올랐다.

다음 날 아침 회사에 출근해 전 직원을 상대로 공지사항을 하나 써서 올렸다. 먼저 직원들이 모아 준 비용으로 어제 위문을 잘 다녀왔다는 감사의 글을 쓰고, 나의 생각을 덧붙였다. "불우이웃을 돕는다는 게 이렇게 일과성의 행사로 끝나서는 부족한 듯하니 꾸준히 지원해 주는 게 필요한 것 같다. 매월 급여의 일정액을 떼어 그들을 도와주는 게 어떻겠는가?" 하는 제안이었다. 우리가 모은 돈으로 연탄이라도 사서 주면 최소한 그곳의 아이들이 겨울을 춥지 않게 보낼 수 있을 것이라는 이야기를 덧붙였다.

공지사항을 본 직원들의 반응이 어떨지 궁금했다. 결과는 예상 밖이었다. 모두들 자기 월급에서 일정 금액을 공제하겠다며 신청하기 시작했다. 임원실에 보고하니 사장을 비롯하여 임원들도 좋다며 참여의지를 보였다. 그런데 문제는 공제 금액이었다. 일부 직원들은 자기 월급에 비해 과도한 금액을 떼어달라고 신청했기 때문이다. 임원들의 입장에서 보면 그것보다 적으면 안 되었고, 직원들에게도 일회성에 그치는 게 아니고 매월 공제할 것이니 감정에 치우치기보단 신중하게 생각해 달라고 요청했다. 이렇게 직원들과의 협의를 거쳐 공제할 금액의 상한선이 마련되었다.

우리의 이런 뜻을 춘천에 있는 시설의 원장에게 전달했다. 그리고 한 달 난방비 예산을 알려 달라고 했다. 그리고 회사에서는 다음 달부터 그 금액에 해당하는 돈을 송금하기 시작했다. 마음속으로 사회복지사를 떠올리며 '우리는 당신을 잊지 않겠습니다'라는 말을 전했다. 우리가 월급에서 공제한 돈이 그것보다 더 되었기 때문에 여분의 돈이 쌓였다. 회사 규모가 커지자 불우이웃을 돕기 위해 적립한 돈도 점점 많아졌다. 그와 함께 그곳뿐만 아니라 다른 이웃도 지원할 수 있게 되었다. 벌써 꽤 오래된 일이다.

지금도 여러 곳에서 많은 사람들이 불우이웃을 돕기 위해 애쓰고 있다. 우리나라가 급속히 발전한 이후 이제는 해외까지 나가서 어려운 이웃을 돕고 있다. 아프리카 수단에서 봉사를 했던 이태석 신부나 말라위에서 봉사활동을 하고 있는 메조소프라노 김청자 교수의 사례가 좋은 예이다. 그렇다고 우리 모두가 그들처럼 일선에 나가 봉사할 필요는 없다. 하지만 그들이 그러한 일을 할 수 있도록 평소에 관심을 갖고 뒤에서 도와주는 일은 필요하다. 그게 바로 우리가 할 일이다.

귀농 · 귀촌을 생각한다면

'은퇴' 하면 가장 먼저 떠오르는 것 중 하나가 바로 전원생활이다. 한때 전원주택 붐이 일었던 것도 이와 같은 맥락이다. 그런데 최근에는 그저 전원에서 사는 것에서 그치지 않고 본격적으로 농업에 관심을 갖고 귀농하려는 사람들이 많아지고 있다. 그러나 생소한 농업 분야에 뛰어들려면 사전에 철저한 준비가 있어야 한다. 귀농과 귀촌을 꿈꾸고 있는 사람들이 알아두면 유용할 교육 프로그램들을 모아 봤다.

* 귀농귀촌종합센터

귀농 준비부터 필요한 교육과 상담까지 원스톱으로 진행하여, 각종 귀농 정보를 얻을 수 있다. 본격적으로 귀농생활을 시작하기 전에 현장체험을 해 볼 수도 있으며, 멘토링 서비스를 통해 농림어업 분야 관련 전문가에게 실질적인 정보를 배울 수 있는 기회도 제공한다.

☎ 문의: 농촌진흥청 귀농귀촌종합센터 www.returnfarm.com 1544-8572

* 전국귀농운동본부

전국귀농운동본부는 귀농과 관련된 다양한 홍보와 교육으로 귀농에 도움을 주기 위해 설립된 곳이다. 귀농 후 경제적 자립을 계획하는 사람들을 위한 생태귀농학교와 풍토에 맞는 소농방식의 전통 농업 실습 학교인 소농학교 그리고 도시에서 텃밭농사를 희망하는 개인과 텃밭 교사 양성을 위한 도시농부학교 등을 운영하고 있다.

☎ 문의: 전국귀농운동본부 www.refarm.org 031-408-4080

* 서울시 농업기술센터

　'귀농창업과정'에서는 서울시민 중 귀농 희망자를 대상으로 귀농과 관련된 분야별 기초 이론부터 귀촌 생활 현지 견학 및 실습을 실시하고 있다. 강의 분야별로 전문 강사를 초빙하여 밀도 높은 강의를 진행한다. 또한 '귀촌전원생활과정'에서는 은퇴 후 귀촌을 희망하는 시민에게 귀촌에 필요한 친환경농업기술과 정착에 필요한 전원생활 종합 정보 등 체계적 교육을 실시한다.

☎ 문의: 서울시 농업기술센터 agro.seoul.go.kr

봉사하는 사람의 기쁨이 더 크다

일반적으로 사람들은 은퇴 후 일선에서 물러나고 나면 자신이 할 일을 잃어버린 느낌을 갖기 마련이다. 그런 노년기의 문제점을 극복할 수 있는 가장 좋은 방법 중 하나가 자원봉사가 아닐까 싶다. 은퇴자들에게 자원봉사는 다른 사람을 돕는 것은 물론이고 사회에 기여하는 보람도 느낄 수 있는 좋은 기회이다. 많은 은퇴자들이 자신의 전문 지식이나 기술을 활용할 수 있는 봉사를 통해 사회의 일원으로서의 소속감과 자신감을 유지할 수 있게 되길 바란다.

* 베이비부머 봉사단

베이비부머 봉사단은 베이비붐 세대의 은퇴자가 증가함에 따라 그들의 전문성과 경험을 바탕으로 정기적 및 지속적 봉사활동을 통해 세대 간, 계층 간, 지역 간 통합 분위기 조성에 기여하는 50대 연령층으로 구성된 봉사단이다.

- 신청자격: 베이비부머 세대(1955~1963년생)인 개인 및 5인 이상으로 구성된 각종 단체나 모임이면 누구나 참여 가능
- 봉사활동: 연중(월 2회 이상 권장)

① 재가봉사활동
- 사각지대 저소득 노인 · 장애인 등 소외계층 가정
- 정서 지원, 청소, 빨래, 설거지, 식사보조, 밑반찬 배달 등

② 전문봉사활동
- 전문 · 기술 · 기능 중심 소외계층 가정방문 재가 봉사활동

- 보건의료봉사, 법률봉사, 집수리, 이미용 봉사, 해충방제, 옥내 전기 · 가스 안전점검, 전기 · 전자제품 수리, 도배 · 장판 교체 등
- 신청절차: 사회복지자원봉사 홈페이지에서 '베이비부머 봉사단 위촉 신청서'를 다운받아 시도협의회 이메일 또는 팩스로 접수

☎ 문의: 1688-1090

출처: 사회복지자원봉사(www.vms.or.kr)

* 시니어볼런티어넷

노인자원봉사 아카데미를 통해 자원봉사를 위한 교육을 받을 수 있다. 교육 과정은 기초 · 심화 · 전문 과정 총 3단계로 이루어져 있다. 단계별 수강 후 테스트를 통과하면 다음 단계로 넘어간다. 모든 과정을 이수하면 노인자원봉사자 인증서를 받을 수 있다. 교육은 한국노인종합복지관협회에서 진행한다. 또한 포털 사이트를 통해 자원봉사자를 원하는 곳의 정보도 얻을 수 있다.

☎ 문의: 노인자원봉사 포털 www.laswcs.or.kr 02-702-6080

* 주요 자원봉사 사이트

- 복지넷 www.bokji.net
- 1365자원봉사 www.1365.go.kr
- 볼런티어21 www.volunteer21.org
- 한국자원봉사센터 중앙회 www.kavc.or.kr
- 서울시 자원봉사센터 포털시스템 http://volunteer.seoul.go.kr

서로 가르치고 배우는 아름다운인생학교

'아름다운인생학교'는 영국의 U3A(University of the 3rd Age)를 벤치마 킹한 곳으로 시니어들이 모여 자신들의 재능과 지혜를 나누고 교류하는 문화 동호회 겸 비영리단체이다.

'나의 지식이 어떤 사람에게 필요하고, 또 다른 사람의 지식이 나에게 필요하다.'

이것이 U3A의 교육원리이다. 즉, 내가 아는 것을 가르치고 내가 모르는 것은 남들에게 배우는 것이다.

각 분야 전문가들의 자원봉사 강의로 진행되는 '아름다운인생학교'의 수업에는 현재 약 70명의 회원이 참여하고 있다. 아름다운인생학교는 시니어들뿐만 아니라 남녀노소 모두에게 활짝 열려 있다. 참여를 원하는 사람은 카페를 방문해 원하는 강의 시간을 확인한 후 방문하면 된다.

- 위치: 경기도 성남시 분당구 수내동 11-1 청구블루빌 213호
- 수강료: 1년 연회비 12만 원(연회원이 되면 1년 동안 모든 강좌를 수강할 수 있음. 개별 청강일 경우 강좌당 1만 원)
- 개설강좌: 드로잉, 전시관람, 미술사연구, 사진입문, 바이올린, 우쿨렐레, 영화학교, 인문학독서, 사상의학, 생활의학, 통합의학, 산야초 연구, 재무컨설팅, 은퇴 준비 등

※ 자세한 사항은 온라인 카페 http://cafe.naver.com/u3a 참조

4강

죽음,
삶의 가장
귀한 경험

"천국에 들어가려면
두 가지 질문에 답해야 한다는군.
하나는
'인생에서 기쁨을 찾았는가?'
다른 하나는
'당신의 인생이 다른 사람들을
기쁘게 해주었는가?'라네."

영화 〈버킷리스트〉 중에서

나는 이렇게 임종하고 싶다

애들아, 아버지다. 오늘은 나의 장례에 관해 몇 자 적겠다. 내가 이런 이야기를 한다고 해서 놀랄 건 없다. 지금 내게 무슨 큰 병이 있는 건 아니니까. 하지만 여기저기가 불편하고 마음이 약해진 건 사실이다. 언제가 될진 모르겠지만 어차피 나이가 들면 세상을 떠날 것이고 그때를 대비해서 미리 너희에게 나의 뜻을 전해주는 게 좋겠다는 생각이 든다.

왜 이런 생각을 하냐면 사람들이 죽음을 남의 일로만 여기고 있다가 막상 일이 닥치면 우왕좌왕하는 모습을 많이 보아 왔거든. 그리고 장례의 절차에 대해 가족끼리 의견이 달라 서로 다투는 것도 보았고. 또 경험이 없다 보니 주위 사람들의 말에 휘둘리는 경우도 많다. 너희 형제는 제발 그러지 않았으면 한다. 그래서 나의 뜻을 다음과 같이 밝히니 임종에 관해선 부디 당사자의 뜻을 존중해 주었으면 좋겠다.

1. 내게 임종의 순간이 다가온다면 나는 병원이 아닌 집에 있기를 바란다. 지금도 임종을 앞둔 사람들이 무의미한 연명 치료를 계속하며 중환자실에 있다가 아무도 없는 새벽에 그저 홀로 죽음을 맞이하는 경우가 적지 않다. 얼마나 서글픈 일이냐. 그러므로 나의 병이 악화되면 집으로 옮기도록 해라. 나는 얼마를 더 살기보다 내가 있던 곳에서 너희의 손을 잡고 떠나고 싶다.

2. 임종을 하더라도 나의 시신을 병원의 장례식장으로 옮기지 말았으면 한다. 살아서도 그렇지만 죽어서도 병원에는 가기 싫다. 더구나 차가운 시신 보관소에 있고 싶은 사람이 어디 있겠니. 요즘은 공동주택에서 생활하기 때문에 이웃에게 좀 불편할진 모르겠지만 짧은 기간이니 양해를 구하고 집에서 장례를 진행했으면 한다.

3. 추운 겨울이 아니라면 방의 창문은 좀 열어두었으면 좋겠다. 비록 죽은 몸이지만 그래도 밤하늘의 별도 보고 싱그러운 공기도 마시고 싶다. 혹시 아니? 새라도 울어 줄지.

4. 나의 관은 고급스러운 것을 사용하면 안 된다. 저급한 것도 괜찮지만 너희의 마음이 아플지 모르니 그저 중간 정도 가격의 관을 쓰도록 해라. 그리고 수의를 입히지는 말아라.

항상 새 옷은 불편할 뿐이다. 그리고 수의를 마련하기 위해 돈을 쓸 필요도 없다. 그 대신 내가 가장 아꼈던 양복을 입히도록 해라. 그게 보기에도 좋을 게다. 그리고 염을 한후 염포로 수족을 묶는 행위도 하지 마라. 내가 무슨 잘못을 한 것도 아닌데 그것도 볼썽사납다. 다만 관을 옮기다가 시신이 흔들릴 수도 있으니 공간에는 내가 입던 평상복들을 잘 채워 넣었으면 좋겠다.

5. 나의 장례 절차에 직업적인 장의사가 관여하지 않기를 바란다. 내가 아무리 몸을 움직일 순 없다고 하더라도 남의 뜻에 따라 내 몸이 다루어지는 것은 원치 않는다. 다만 너희가 잘 모르는 게 있을 땐 그저 조언 정도만 듣도록 해라. 너희가 직접 장례절차를 진행하는 게 불편할 수도 있겠지만 좋은 경험이 될 거라고 믿는다.

6. 임종의 순간에 내가 의식이 있으면 모르되, 만약 의식이 없다면 인공호흡기를 삽관하거나 심폐소생술을 시술하지 마라. 그 시술을 무시하는 게 아니고 임종을 앞둔 노인들에게는 효과가 거의 없다. 임상 의사의 말을 빌리면 목에 가시가 걸려도 괴로운데 큰 호스를 삽입하는 건 환자에게 너무 고통스럽다고 한다. 그리고 무엇보다 말을 할 수가 없으니 얼마나 답답하겠니. 나는 그저 조용히 가고 싶다.

7. 나는 죽음이 다가오면 단식을 하다 죽고 싶다. 그러므로 강제로 급식을 시켜서는 안 된다.

8. 나의 임종 소식을 외부에 알리지 마라. 살아서도 그렇지만 죽어서도 남에게 폐를 끼치고 싶진 않다. 많은 사람들을 불러들이는 것도 번거로운 일이다. 그리고 조문객을 맞이 하느라고 가족끼리 보내야 할 그 소중한 시간을 빼앗겨서 도 안 된다. 다만 너희가 이름을 기억하고 있는 나의 몇몇 친구에게 알리는 건 괜찮다. 아마 그들도 너희처럼 나와의 이별을 아쉬워할 게다. 그리고 너희를 도와줄 수도 있을 거고.

9. 만약 너희에게 자식이 있다면 아이들도 장례절차에 참여 시키도록 해라. 요즘엔 핵가족화되고 또 병원에서 임종을 하는 경우가 많기 때문에 어린아이들이 죽음을 체험할 수 있는 기회가 거의 없다. 그런 까닭에 죽음을 잘 모르고 죽음에 대해서도 막연한 두려움을 갖게 된다. 그러므로 할아 버지의 죽음을 통하여 나의 손자들이 소중한 경험을 얻고 많은 걸 배우게 되기를 바란다.

10. 나는 수목장이 바람직하다고 생각하지만 우리 가족 묘지 가 있으니 별도로 여기저기 알아보지 말고 그곳을 이용하

는 게 좋겠다. 그리고 무덤에 봉을 올리거나 비석을 세우지 마라. 다만 위치를 표시하기 위해 작은 돌을 하나 놓는 건 괜찮다.

11. 나의 죽음을 너무 슬퍼하진 말아라. 나는 그런대로 잘 살아 왔다. 그리고 아직은 잘 모르지만 미지의 세계에 가서도 잘 지낼 것이다. 또 장자의 우화처럼 죽은 사람이 살아 있는 사람을 가엾게 여길지도 모를 일이다. 오히려 나의 죽음을 통해 너희가 형제의 우애를 다지고 죽음의 의미를 생각하는 기회가 되기를 바란다.

죽음은 삶에서 겪는 마지막이자 가장 귀중한 경험이다. 죽음의 순간에 어떤 생각을 갖느냐에 따라 그의 내세가 결정된다는 이야기도 있다. 여하간 그 순간은 죽어가는 사람에겐 깨달음을 얻을 수 있는 마지막 기회이며 자기가 공경하던 신에게 귀의를 하기 위해 기도도 해야 하는 엄숙한 시간이다. 그러므로 그 순간에 가족들이 울음을 터뜨린다거나 소란을 피워 죽어가는 사람의 정신을 어지럽게 해선 안 된다. 가급적 죽어가는 사람이 마음의 평안을 얻을 수 있도록 곁에서 도와주었으면 좋겠다.

이상이 나의 임종과 장례에 관하여 내가 바라는 바다. 시간이 지나면 또 생각이 바뀔지 모르겠으나 크게 달라지진 않을 것이다. 유념해 두었다가 일이 닥쳤을 때 당황하는 일이 없도록 해라.

또한 평소 죽음을 묵상하고 어떻게 삶을 살아야 할지를 생각하는
시간이 되었으면 한다.

- 서재에서 아버지가

임종 직전 위스키 한 잔의 유머

사람은 누구나 한 번은 죽는다. 그러나 임종을 앞둔 사람들은 이 사실을 쉽사리 받아들이지 못하고 한없이 두려워하며 고통스러워한다. 또한 주변 사람들은 환자의 마음을 위로하려고 전전긍긍하기 마련이다. 그런데 오히려 죽어가는 사람이 살아 있는 사람들을 위로하는 경우도 있다.

11명의 아들딸을 훌륭히 키워낸 91세의 어머니가 있었다. 어느 날 의사의 연락을 받고 11명의 자녀와 많은 손자손녀들이 병실에 모였을 때, 그녀는 이미 혼수상태였다. 장남이 가톨릭 신부였으므로 "유감이지만 어머님은 이미 말씀하는 것이 불가능하니까, 다 함께 기도를 올리자"라고 말하고 미사를 드렸다.

미사가 끝나자 어머니가 눈을 번쩍 뜨더니 "나를 위해 모두 기도를 했구나! 고맙다. 그런데 위스키 한 잔 마시고 싶은데?"라고 말하여 모두 놀랐다. 위스키 한 잔을 가져오자, 어머니는 한 모금

마시고는 "미지근하니 얼음을 조금 넣어줘"라고 했다. 오늘을 넘기기 어렵던 그녀가 얼음마저 요구하니 모두 충격을 받았다. 재빨리 얼음을 넣어주자 어머니는 "맛있다"라고 말하면서 전부 마셔버렸다. 그러고 나서 이번에는 "담배를 피우고 싶구나"라고 말하는 것이었다.

마침내 어머니의 요구를 받아들일 수 없었던 장남이 "의사가 담배는 좋지 않다고 했어요"라고 하자 어머니는 "죽는 것은 의사가 아니라 바로 나지. 담배 한 개비 주게나"라고 응대했다. 그녀는 여유 있게 담배를 한 대 피우더니 모두에게 감사를 표한 뒤 "천국에서 다시 만나자. 안녕"이라고 말하고는 옆으로 누워 그대로 숨을 거두었다.

그러나 그때 슬퍼했던 자녀는 단 한 사람도 없었다. 물론 어머니의 죽음은 슬픈 일이었지만 모두가 죽음의 순간 어머니가 보여주었던 밝은 유머를 생각하면서 얼마나 어머니답게 죽음을 맞았는지 이구동성으로 이야기하며 웃었다. 사실 어머니는 평생 위스키나 담배를 거의 입에 대지 않았다고 한다. 그러니까 아무리 생각해도 죽기 직전에 위스키를 마시거나 담배를 피울 이유는 없었던 것이다.

어머니는 그때까지 여러 번 친척이나 친지의 장례식에서 모두가 눈물을 흘리면서 슬퍼하는 것을 보아 왔다. 그래서 자신이 죽으면 자녀와 손자를 슬프게 할 게 아니라, 밝은 분위기를 만들어주어야겠다고 생각했기에 그런 행동을 한 것이다. 너무나 아름다운 배려가 아닐 수 없다. 그것도 자신이 죽음에 직면하고 있는 가장 고통스러운 순간에 말이다.

  이 이야기는 꾸며낸 이야기가 아니다. 독일인 신부로서 일본 상지대에서 '죽음의 철학'과 '인간학' 등을 가르치고 있는 알폰스 데켄 교수의 친구가 실제 겪은 이야기이다. 보통 우리는 삶의 마지막 순간에 놓인 사람은 아무것도 할 수 없다고 생각하지만 어머니는 유머를 통해 자식들과 손자들에게 평생 잊을 수 없는 귀한 선물을 남겨 준 것이다. 아마도 위스키 한 잔과 담배 한 개비로 죽음을 장식한 91세의 어머니는 지금도 천국에서 자식들의 모습을 재미있게 바라보고 계실 듯하다.

임종의 순간엔 어떤 생각을 할까?

해가 바뀌면서 나이를 한 살 더 먹었다. 옛말에 40세를 불혹(不惑)이라 하고 50세를 지천명(知天命)이라 했는데 나는 이순(耳順)이라는 60세를 넘긴 지금까지도 혹하는 마음이 여전히 많고, 하늘의 뜻도 잘 알지 못한다. 그나마 다행스러운 것은 '하늘의 뜻이 어떤 것일까?' 하고 궁금해하며 가끔 생각은 한다는 것이다. 나이 탓인지 이제는 해가 바뀌어도 전처럼 어떤 감회가 느껴지지는 않는다. 세월은 무심하게 흘러가고 여전히 어디선가 생명이 태어나고 또 사라지고 있다.

며칠 전에는 예전 직장상사분이 배우자상을 당했다는 소식을 듣고 상가에 다녀왔다. 부부간의 연이 참 애틋했던 부부였는데 부인이 먼저 별세를 한 것이 참 안타까웠다. 그분은 60대 중반까지 사장직에 있었던 소위 잘나가던 전문경영인이었다. 그런데 부인이 병을 앓고부터는 차림새가 예전 같지 않았다. 아무래도 남자들은 부인이 챙겨 주지 않으면 자기 앞가림도 하지 못하는 어린아이가 되는 것 같다. 수년 전 사무실로 찾아뵙고 이야기를 나누다가 죽음에 관한 책 이야기가 나오자 우리가 왜 벌써 그런 책을 읽어야 하냐며 별로 탐탁지 않게 반응했다. 아마 한국인의 평균수명을 감안하면 아직 남은 날들이 많다고 생각했던 모양이다.

그런데 자신보다 나이가 어린 부인이 갑자기 먼저 세상을 떠난 후 장례식장에서 만난 그분은 자신이 처한 현실이 믿어지지 않는 것 같아 보였다. 이제부터는 이전보다 훨씬 어려운 길을 걸어가야 할 그분을 생각하니 마음이 무거웠다. 계절 탓인지, 모든 것이 시들고 죽어가는 겨울에는 유난히 많은 사람들이 운명하는 것 같다. 어쩌면 여느 때와 다를 것이 없는데 공연히 그렇게 느껴지는지도 모르겠다.

오래전 새로운 사업을 구상하던 동료들과 동남아시아에 다녀온 일이 있었다. 그 지역에는 이민 가서 자리 잡은 동료의 선배가 살고 계셨는데 그분이 우리 일행의 안내를 맡아주신 덕분에 편한 여행이 되었다. 그분은 우리보다 나이가 10년 연상임에도 불구하고 아주 건강해 보였다. 하루는 일정이 끝난 후 다 같이 술을 마시는데 갑자기 그분이 임종에 관한 이야기를 꺼냈다.

임종을 앞두고는 움직일 수도 없고 이야기를 할 수도 없을 것이다. 그러나 생각은 할 수 있을 것이다. 그래서 그 시간을 맞았을 때 필요한 여러 가지들을 미리 준비해 놓는 것도 필요하다며 가족에게는 이야기할 수 없지만 자기 혼자 떠올리며 그리워할 일도 포함된다고 했다. 그리고 어떤 여인과 사랑에 빠졌던 본인의 추억을 들려주기에 우리는 모두 웃으면서 즐거운 시간을 보냈다. 그 후 며칠 더 함께 보내다가 우리는 귀국했다.

그런데 얼마 전에 만난 동료가 그의 부음을 전했다. 사인은 간암이었다. 그렇게 건강했던 분이 죽었다니 믿기지 않았다. 그런데 문득 그분이 우리에게 들려주었던 이야기가 떠올랐다.

과연 그분은 임종의 순간에 어떤 생각을 했을까? 그분 말씀처럼 자신만이 알 수 있는 즐거웠던 추억을 회상하며 시간을 보냈을까? 아니면 참을 수 없는 고통 속에서 힘들어하며 생을 마감했을까?

호주의 한 호스피스 병원에서 임종을 맞이하는 환자를 상대로 설문조사한 결과에 따르면 환자들이 삶을 뒤돌아보며 가장 후회스러운 것은 너무 열심히 일만 하며 살았다는 사실이었다. 뒤이어 남이 원하는 삶을 살았던 것, 감정을 있는 그대로 표현하지 못했던 것 등이라고 답한다. 남이 원하는 삶을 살았다는 것을 임종 때에야 비로소 깨달았다면 얼마나 억울하겠는가.

영국의 중앙은행 총재로 10년간 근무한 머비 킹은 퇴임을 앞두고 최근 TV 인터뷰에서 언제나 직장 일이 최우선이었던 것이 어쩌면 실수였던 것 같다며 일과 연구에만 매달려 사생활을 희생한 게 슬프다는 소회를 밝혔다. 한 나라의 중앙은행 총재라면 객관적으로 볼 땐 꽤 성공한 인생을 살았던 셈인데 정작 본인은 그 인생이 그다지 행복하지 않았던 것이다. 혹시 그도 남이 원하는 삶을 살았던 것일까? 그는 인터뷰의 마지막에 '베토벤 교향곡 7번 A장조'를 들을 때면 춤을 추고 싶어진다며 은퇴 후엔 춤을 제대로 배울 계획이라고 했다.

우리나라의 많은 은퇴자들도 머비 킹과 크게 다르지 않다. 직장생활을 할 때는 누구나 딴 곳에 눈 돌릴 틈 없이 숨 가쁘게 산다. 잠시라도 한눈을 팔았다간 행여 경쟁에서 뒤처질까 봐 그저 앞만 보고 달리기 마련이다. 그런데 여가 없이 이렇게 일만 한 사람들은 자칫 일중독에 빠질 수 있다. 일하지 않고 쉬고 있을 때 왠지 불안하다면 한번쯤 일중독을 의심해 볼 일이다.

《타임》지와 CNN이 공동 조사한 바에 의하면 62%의 사람들이 여가시간에 하지 않아도 될 일을 하면서 보낸다고 한다. 우리 주변에도 은퇴를 한 후 무엇을 할지 몰라 쩔쩔매는 사람들이 적지 않은데 그것도 일중독의 후유증이다. 마지막 순간 후회하지 않는 삶을 살려면 어떻게 해야 좋을지 가끔은 고민해 봐야 할 것이다.

버핏이 정의한 성공의 의미

피는 물보다 진하다는 말이 있다. 혈육이 그래도 남보단 낫다는 것이다. 사실 어려움에 처했을 때 손을 내밀 사람은 가족밖에 없다. 아내의 친구 중에 신부전증에 걸린 아이에게 자신의 신장을 이식해준 사람이 있다. 또 간경화로 간을 이식해야 하는 지인이 있었는데 다행히 아이가 아버지에게 간을 기증해주어 이식수술을 할 수 있었다. 이런 일들은 가족이 아니면 쉽게 할 수 없는 일이다. 그런데 가족이라고 해서 다 그런 것은 아니다.

호스피스 교육을 받으며 만났던 자원봉사자에게 들은 이야기다. 환자 중에 홀로 자식들을 키운 아주머니가 있었다. 자식들은 성장한 후 독립하여 나가 살고 아주머니 혼자 생활을 하다가 암에 걸렸다. 형편이 넉넉지 못한 아주머니를 병원의 자원봉사자들이 돌봐주었다. 어머니가 암 투병 중인데 자식들은 한 번도 와보지 않았다. 자원봉사자들이 아주머니께 슬쩍 자식들의 안부를 물었지만 그럴 때마다 별다른 대답 없이 그냥 희미한 미소만 지어 보이곤 했다.

어느 날 임종이 가까웠음을 느낀 아주머니가 자기를 돌보아준 자원봉사자들을 불렀다. 그리고 아껴 놓았던 옷가지들을 하나씩 나누어 주었다. 좋은 날 입으려고 지어놓은 예쁜 한복을 자원봉사자 한 분에게 주었다. 그분은 눈물을 흘리며 그 한복을 받았다. 그렇게 갖고 있던 옷가지들을 모두 나누어준 아주머니는 다시 한번 자신을 돌보아준 자원봉사자들에게 고맙다는 인사를 전했다. 그리고 얼마 지나지 않아 아주머니는 조용히 임종을 맞았다.

이후 아주머니를 돌보던 자원봉사자들이 망자의 장례를 협의하기 위해 가족에게 연락했는데 자식들이 알아서 하라며 그냥 전화를 끊어버리는 게 아닌가. 이후에는 연락조차 되지 않아 할 수 없이 자원봉사자들끼리 장례를 진행해야 했다. 예쁜 한복을 선물로 받았던 자원봉사자가 그 옷을 망자에게 입혀 주었다. 아주머니가 좋을 때 입으려고 아껴두었던 옷을 죽어서야 입게 된 것이다. 자원봉사자들은 가족처럼 아주머니의 죽음을 슬퍼했다. 비록 가족은 외면했지만 자원봉사자들의 따뜻한 보살핌이 있어서 아주머니의 임종이 쓸쓸하지만은 않았다.

이처럼 어떤 경우에는 가족보다 피가 섞이지 않은 생판 남이 환자에게 위안을 주기도 한다. 톨스토이가 쓴『이반 일리치의 죽음』을 보더라도 그렇다. 임종을 앞둔 이반 일리치가 괴로웠던 건 용변을 볼 때마다 다른 사람의 도움을 받아야 한다는 사실이었다. 불쾌하고 견디기 힘든 이 일을 도와주는 건 식당 담당 하인 게라심이었다.

이반 일리치가 생각할 때 그의 처지를 이해하고 진심으로 그를 가엾게 여기는 사람은 게라심 1명뿐이었다. 그가 편안한 잠자리를 포기하고 자신의 곁을 지켜주는 것에 대한 미안함을 표하자 게라심은 이렇게 이야기했다.

"우리는 모두 언젠가는 죽습니다. 그러니 제가 당신을 위해서 수고 좀 못하겠습니까?"

이반 일리치는 게라심이 자기 곁에 있다는 것에 큰 위안을 받았다.

미국 네브래스카대학에 다니는 여대생이 경제전문지 《포천》이 주최한 '여성과 일'이라는 주제의 강연회에서 세계적인 주식 투자가 워런 버핏에게 물었다.

"지금 위치에서 과거에 배운 교훈들을 돌아볼 때 성공을 어떻게 정의하겠습니까?"

버핏은 주저하지 않고 대답했다.

"어떤 사람들은 성공이란 원하는 것을 많이 얻는 것이라고 생각합니다. 하지만 내 나이가 되면 당신이 사랑해줬으면 하는 사람이 당신을 사랑해주면, 그게 성공입니다. 당신은 세상의 모든

부를 다 얻을 수도 있고, 당신 이름을 딴 빌딩들을 가질 수도 있 겠죠. 그러나 사람들이 당신을 생각해주지 않으면 그건 성공이 아닙니다."

버핏은 이어서 자신이 성공에 대해 이런 생각을 갖게 된 배경에 대해 설명했다.

"오마하에 벨라 아이젠버그란 여성이 있었습니다. 그녀는 폴란드계 유대인으로 제2차 세계대전 때 아우슈비츠 수용소에 수감된 경험이 있었죠. 그녀가 세상을 떠나기 몇 년 전 어느 날 나를 보고 이렇게 말했습니다. '나는 친구를 사귀는 게 매우 더뎌요, 워런. 왜냐하면 사람들을 만날 때마다 속으로 이렇게 질문하거든요. 저 사람들은 나를 숨겨줄까, 하고 말이에요. 당신이 70세나 75세가 됐을 때 주위에 당신을 숨겨줄 만한 사람들이 많다면 성공한 거예요. 반대로 아무도 당신이 어떻게 되든 신경 쓰지 않는다면, 돈이 얼마나 많든 전 상관 안 해요. 그러면 당신은 성공하지못한 거예요.'"

언젠가 지인의 아이 결혼식에 초청을 받아 갔더니 수백 명의 하객들이 왔다. 보통 사람들은 하객의 숫자가 혼주의 덕망을 나타낸다고 생각한다. 그래서인지 가급적 많은 사람들을 초청하려고 한다. 그런데 그런 사람들 중에 몇 명이나 위급한 상황에서 자신을 지켜줄지는 의문이다.

돈이 많거나 친구가 많다고 인생에서 성공을 한 것은 아니다.

버핏이 이야기했듯이 비록 숫자는 적더라도 어려운 순간에 당신 곁을 지켜줄 사람이 있는가가 중요하다. 평균 수명이 길어졌다고 는 하나 사실 우리는 언제 어디서 마지막 숨을 거둘지 알 수 없다. 특히 요즘은 중환자실에서 홀로 죽는 사람이 많다. 죽음의 순간에 우리 옆에서 명상을 인도해줄 그런 영적 친구가 필요한 때다.

그 아이에겐 내일이 없었다

호스피스는 중세기 예루살렘의 성지순례 중 쉬어가는 숙소를 의미했다. 그런데 이 명칭이 19세기 아일랜드 수녀들이 길거리에서 죽어가는 가난한 환자를 수녀원으로 데려가 임종을 준비시키면서 임종의 집으로 그 의미가 바뀌었다. 현대적 의미의 호스피스는 1967년 영국의 시실리 손더스 박사가 '성 크리스토퍼 호스피스'를 설립하고 이곳에서 말기 환자의 고통에 대하여 통증치료 등 전인적 치료를 시행하면서 호스피스 치료의 새로운 장을 열게 된다.

우리나라에서도 비교적 일찍 강릉의 갈바리 의원에서 '마리아의 작은 자매회' 수녀들이 호스피스 활동을 시작했다. 외국도 그렇지만 우리나라 역시 종교계에서 처음 호스피스 활동이 시작된 것이다. 의료계에서는 1982년 가톨릭대학교 의대에서 호스피스팀을 처음 구성했고, 그 이후 여러 대학병원, 종합병원 등에서 호스피스 병동을 운영하고 있다. 그러나 아직도 많은 사람들은 일부 종교기관에서 하는 봉사활동 정도로 인식하고 있다.

'마리아의 작은 자매회'가 운영하는 모현호스피스센터를 방문한 적이 있다. 모현(母峴)은 어머니의 언덕이란 뜻으로 어느 스님이 지어주었다고 한다. 센터에 도착하니 S 수녀님이 웃으며 반갑게 맞아 주었다.

이야기를 나누던 중 수녀님이 갑자기 입원환자의 상태가 좋지 않다는 연락을 받고 나가서는 한참 후에야 돌아왔다. 어젯밤에 입원한 환자인데 곧 임종을 할 것 같아 환자에게 성사를 주기 위해 신부님을 수배하는 중이라고 했다. 그런데 가까이에 신부님이 계시지 않아 할 수 없이 군종 신부에게 부탁했다고 했다. 그러나 환자는 곧 사망하고 말았다. 가족들의 오열이 시작되자 사망 후 한 시간은 환자가 들을 수 있으니 소리를 낮추어 달라고 했다. 센터에 도착하자마자 갑자기 일어난 일에 놀랐지만 이렇게 언제 무슨 일이 일어날지 모르는 곳이 바로 호스피스센터이다.

수녀님에게 들으니 환자의 평균 재원일수는 20여 일 내외라고 한다. 즉, 20여 일간 이곳에서 입원해 있다가 사망하는 셈이다. 짧게는 하루 만에 사망하는 경우도 있고 어떤 사람은 퇴원했다가 다시 입원하기도 한단다. 수녀님들이 얼마나 청결하게 운영하는지 병원 특유의 냄새도 없었다. 이곳의 특징은 환자가 원하면 휠체어를 이용하거나 침대에 누워 있는 채로 바깥으로 나갈 수 있다는 것인데 그럴 경우 의사가 직접 야외에 있는 환자를 찾아가

진료를 한다고 했다. 그야말로 환자 중심인 곳이었다.

그곳에서 의료원장인 J 박사와 이야기를 나눴다. 그는 호스피스에 관한 일반인들의 인식 전환이 필요하다고 했다. '호스피스' 하면 임종을 앞둔 환자들이 죽음을 기다리는 곳으로 알고 있지만 사실 호스피스의 진정한 의미는 삶을 완성하는 것이라고 한다. 그래서 이곳에서는 단순히 고통을 완화시키는 것뿐만 아니라 환자의 정신적 고통을 감소시키고 영적 성장을 돕기 위해 원목수녀님이 상주하고 있다는 것이다.

J 원장은 호스피스센터 입원환자 중에 종합병원에서 오는 분은 불과 10%도 안 되고 대부분이 주위의 소개로 이곳을 찾는다고 한다. J 원장의 말에 따르면 의료기술의 발달로 현재 암 환자의 고통을 90%까지 줄일 수 있다고 한다. 그러나 막상 의료현장에서는 의사들이 정확한 내용과 정보를 파악하기보다는 습관적인 치료를 하고 있다며 안타까워했다. 때마침 J 원장의 회진 시간이 되어 함께 병실을 돌아볼 수 있었다. J 원장은 환자 한 명, 한 명의 상태를 세심히 살피며 그들의 이야기에 귀를 기울였다. 회진 시간에 만난 81세 할아버지는 고통이 없어 밤에 잘 잘 수 있어 좋다고 했다.

사람들이 암이나 죽음을 무서워하는 것은 그 자체보다 그로 인한 고통을 두려워하기 때문이라고 한다. 그런데 호스피스센터에서 만난 환자들은 어느 정도 고통은 완화된 것처럼 보였다. J 원장은 환자 중 한 분을 우리나라 토목기술의 권위자라고 내게 소개했다. 환자는 겸연쩍어 하면서도 좋아하는 모습이 역력했다. 환자들의 좋았던 과거를 화제로 삼아 떠올리게 하는 것도 좋은 치료 방법이란 생각이 들었다.

수녀님은 이곳에 입원한 분들을 모시고 소풍을 가기도 하고 생일잔치도 한다고 했다. 혹시라도 환자의 가족들이 "아픈 사람은 생일 때 잔치를 하지 않는 것 아니냐"라고 하면 "그럼 언제 하느냐?"고 반문한다고 했다. 호스피스센터 환자들에게는 지금이 아니면 영원히 할 수 없는 것이기 때문이다.

현재 대부분의 호스피스 기관은 적자 운영을 하고 있다. 보통 적자는 후원금으로 보전을 하는데 장애아나 불우이웃에 대한 후원금보다 말기 환자를 위해 내놓는 후원금이 그렇게 많지 않다고 한다. 물론 후원금 외에도 자원봉사를 하러 오는 분들의 도움도 크다. D증권에서는 지점별로 돌아가며 한 달에 한 번씩 방문하여 유리창을 닦아 주고 M성당에서는 목욕봉사를 하러 온다고 한다. 특히 환자들에게 목욕봉사는 무척 반가운 일이다. 보통 목욕 후에는 기분이 좋아지기 때문이다.

이렇게 환자들을 위해 많은 사람이 애를 쓰지만 부득이한 일로 즉시 환자의 요구를 들어 주지 못하는 경우도 있다. S 수녀님이 가슴 아픈 이야기를 들려주었다. 한번은 어린 환자가 노래를 불러 달라고 졸라서 지금 너무 바쁘니 노래 연습을 한 후 내일 불러 주겠다고 약속을 했는데 다음 날 가 보니 환자가 이미 사망을 했더라는 것이다. 수녀님은 어린 환자의 청을 들어 주지 못했던 것이 너무도 마음 아프고 후회된다고 했다. 환자를 돌보는 가족 못지않게 의료인들과 자원봉사자들도 돌보던 환자들이 사망하고 나면 한동안 마음이 울적하다. 그래서 호스피스 자원봉사자를 위한 위로음악회가 열리기도 한다.

요즘에는 네 사람 중 1명이 암에 걸리고 세 사람 중 1명이 암으로 사망한다. 이렇듯 암은 이제 흔한 병이 되었다. 그러나 아직 암은 정복되지 않은 병이다. 우리도 언제 암으로 고통을 받고 사망하게 될지 모를 일이다. 이에 비하면 말기 암 환자들을 위한 호스피스 활동은 너무 미흡한 실정이다. 의료수가가 낮아 종합병원에서는 기피하거나 마지못해 운영하는 과목이다. 분당 가까이에 있는 B병원에서도 호스피스 시설을 운영하고 있지만 노인요양병원은 호스피스 기관으로 지정받을 수 없다는 법규 때문에 병동을 줄였다고 한다. 참 안타까운 일이다.

국립암센터에서 조사한 설문에 의하면 대상자의 85% 이상이 호스피스 완화시설을 이용하기를 희망하지만 한 해 사망하는 6만 5천 명의 암 환자 중 실제로 호스피스를 이용하는 비율은 6% 정도에 그치고 있다. 호스피스 시설에 대한 인식이 아직 부족하기 때문이다. 이제는 호스피스 제도를 강 건너 불구경하듯 바라보지만 말고 자신이나 가족의 일처럼 여겨서 현실화할 것은 현실화하고, 문제점은 문제점대로 개선하여 죽어가는 환자들이 품위 있는 죽음을 맞이하도록 법규를 정비해야 할 때다. 그것이 살아 있는 사람의 할 일이다.

은퇴 준비의 최종목표는 죽음 준비

　　　　　　은퇴를 결심하고 향후 어떻게 살 것인가에
대한 고민을 하고 있을 때였다. 어떻게 살 것인가도 중요하지만
그 후엔 과연 어떻게 죽을 것인가라는 물음도 머리를 떠나지 않
았다. 그래서 죽음에 관련된 책에 관심이 생겨 알아보다가 엘리
자베스 퀴블러 로스가 쓴 『인간의 죽음』을 알게 되었다. 그 책에
는 우리가 어떤 과정을 거쳐 죽는지 잘 설명되어 있었다.

　퀴블러 로스는 '죽음의 5단계설'을 발표하여 《타임》지에 의해
'20세기 100대 사상가'로 선정된 정신과 전문의이다. 퀴블러 로스
의 '죽음의 5단계설'에 의하면 사람들이 죽음을 통고받았을 때 보
이는 첫째 반응은 '부정'이다. 사람들이 모두 죽는 건 알고 있지
만 남의 일로만 여겼지 자기가 죽는다는 건 생각해 보지 않았기
때문이다. 그래서 자신의 죽음을 도저히 받아들이지 못한다.

　그리고 그저 자기가 죽는다는 사실에 '분노'한다. '왜 내가 죽
어야 하지, 나는 여태까지 고생만 하다 이제 겨우 살 만해졌는데'

하면서 말이다. 어쩌면 '아직도 나는 할 일이 많은데'라며 분노하는 사람도 있을 것이고, '나는 착하게 살아왔는데 왜 내가 그렇지 않은 사람보다 일찍 죽어야 하지' 하며 고개를 절레절레 흔드는 사람도 있을 것이다. 그러나 죽음을 피해 갈 수 있는 사람은 아무도 없다.

그래서 그다음 나타나는 반응이 '타협'이다. 신과 타협을 하고자 하는 것이다. '하느님, 제가 죽는다는 건 알겠습니다. 하지만 할 일이 남아 있으니 한 1년만 죽음을 연장해주십시오' 하고 신께 기도하게 된다. 그러나 결국 그것도 소용없다는 걸 깨닫는다.

그다음 나타나는 반응은 '절망'이다. 어느 누구도 자신을 구원할 수 없다는 사실을 깨닫고 실망하는 것이다.

그러면서 차차 자신의 주변을 정리하기 시작한다. 비로소 죽음을 '수용'하게 되는 것이다. 모든 사람이 부정, 분노, 타협, 절망, 수용으로 이어지는 다섯 단계를 거치는 것은 아니다. 영성이 높은 사람은 즉각 마지막 단계로 넘어간다고도 한다.

『인간의 죽음』 말고도 죽음에 대한 책을 여러 권 더 읽었다. 생각나는 대로 적어 보자면 『만물의 죽음』, 『사후생』, 『죽음 이후의 삶』, 『존엄사』, 『죽음을 그리다』, 『삶과 죽음을 바라보는 티베트의 지혜』, 『죽음에게 삶을 묻다』, 『생의 마지막에서의 의료적 보살핌』, 『존엄사, 교회에 생명의 길을 묻다』, 『죽음준비학교』, 『한국인의 웰다잉 가이드라인』, 『우리는 어떻게 죽는가』, 『해피엔딩』 등이다.

그중에서도 알폰스 데켄 신부가 쓴 『죽음을 어떻게 맞이할 것인가』란 책을 읽으며 리빙 윌(Living Will)의 개념을 알게 되었다. 리빙 윌은 우리가 병에 걸려 치료가 불가능하고 죽음이 임박한 경우 치료를 맡고 있는 의료진에게 자신의 희망을 미리 밝혀두는 서식이다. 이를테면 인공호흡기 삽관을 거부한다든가, 심폐소생술을 시행하지 말라는 내용을 적은 문서이다. 요즘 우리 사회에서도 많이 알려진 사전의료의향서의 다른 말이기도 하다.

사전의료의향서는 4년 전 세브란스병원에 입원했던 김 할머니의 사례가 매체에 보도되면서 사람들이 관심을 갖게 된 양식이다. 하지만 우리 사회에서는 아직도 이러한 문서 형식에 대하여 사회적 합의를 이끌어내지 못한 실정이다. 그래서 각각의 병원에서는 나름대로의 사전의료의향서 양식을 제정하여 사용하고 있다.

연세대 생명윤리정책연구센터에서도 세미나를 열어 자체적으로 정한 사전의료의향서 양식을 제시한 바 있다. 내가 보았을 때는 다소 아쉬운 점이 있기는 하지만 그런대로 활용하면 좋겠다는 생각에서 내 블로그에 그 양식을 올려놓았다. 그랬더니 무려 8천여 명이 넘는 사람들이 클릭했다. 그리고 일부 사람들은 그 양식을 보내달라는 댓글을 달았다. 솔직히 좀 놀랐다. 그렇게 많은 사람들이 관심을 갖고 있을 것이라고는 상상하지 못했기 때문이다.

예전보다는 우리 사회에 사전의료의향서에 관한 내용이 많이 알려져 있다. 하지만 아쉬운 건 사전의료의향서 양식의 보급에 관한 활동이 큰 진전을 보이고 있지 못하다는 것이다. 최근 댄 모

하임이란 응급의학과와 내과 전문의가 쓴 『내 삶을 완성하는 더 나은 죽음』이라는 책이 출판되었다. 저자는 의료 일선에서 30년 넘게 근무했고 주 하원의원으로도 활동하고 있는 사람이다. 아무래도 현장에서의 임상 경험도 있고 법규를 제정하는 자리에 있다 보니 죽음과 법률에 대한 전문가적 소견을 밝히기에 가장 적합한 저자라는 생각이 들었다.

이 책을 읽다 보면 우리 사회에서 시급히 해결해야 할 일들에는 어떤 것들이 있는지, 나는 어떻게 죽음을 준비해야 하는지 알게 된다. 책에는 생명윤리정책연구센터에서 제정한 사전의료의향서 양식이 부록으로 첨부되어 있고, 그 작성요령에 대한 팁도 얻을 수 있다. 죽음 준비를 잘할 수만 있다면 은퇴 준비는 이미 끝난 것과 다름없다. 죽음을 묵상하면서 어떻게 남은 생을 살아야겠다는 깨달음을 얻을 수 있기 때문이다.

죽음을 기억하라, 메멘토 모리

메멘토 모리(memento mori)는 네가 죽는다는 것을 기억하라는 라틴어이다. 신문을 펼치면 매일 유명인들의 부고가 눈에 들어온다. 사람은 누구나 죽는다. 한때 잘나가던 사람이라도 언젠가는 죽음을 맞는 그 때를 피할 수는 없다. 하지만 누구도 자기가 언젠가는 죽는다는 사실을 인정하는 것이 쉽지는 않을 것이다. 죽음이라는 것에 대해 이성적으로는 알고 있지만 받아들이기는 어려운 것이 보통사람들의 마음이다.

특히 환자나 환자의 가족이라면 상황은 더 심각하다. 죽음이 바로 눈앞에 닥친 현실이기 때문이다. 하지만 죽음에 이르는 과정을 정확히 알게 되면 환자들이 미리 죽음을 준비할 수 있어 막연한 두려움을 줄일 수 있을 것이다.

현직 의대 교수가 쓴 『우리는 어떻게 죽는가?』라는 책을 읽은 적이 있다. 그는 의사로서 지켜봐 왔던 환자가 죽음에 이르는 과정을 책에 케이스별로 상세히 기록했다. 책에 나와 있는 질병을 앓고 있는 환자들은 앞으로 자신이 어떤 과정을 겪게 될지에 대해 잘 알 수 있다.

물론 사람에 따라서는 투병의 고통스러운 과정을 아예 모르는 게 낫다고 생각하는 사람도 있을 것이다. 그러나 나 개인적인 생각으로는 앞으로 환자 본인이 극복해야 할 투병 과정을 미리 알고 마음의 준비를 하는 것이 아무 생각 없이 임종을 맞이하며 후회를 하는 것보다 좋을 것 같다.

이 책에는 한 가지 더 놀라운 사실이 있다. 저자는 본인이 의사이면서도 죽음을 앞두고 단순히 생명을 연장하기 위하여 시도하는 여러 가지 의료시술에 대해 부정적인 생각을 갖고 있다는 것이다. 저자는 본인이 고도의 전문적인 치료를 받아야 할 만큼 중병을 앓게 된다면 전문의를 찾아가겠지만 그 전문의가 진심으로 환자 자신을 이해하리라곤 기대하지 않는다고 했다. 그리고 마지막 순간에 대한 결정권은 전문가에게 맡기지 않고 자기를 제일잘 알 수 있는 사람과 의논하여 결정하겠다고 했다. 자기를 잘 모르고 이해하지도 못하는 전문의에게 자신의 마지막을 맡기고 싶지는 않다는 것이다. 또한 저자는 죽음에 대해 다음과 같이 이야기한다.

"사람도 역시 다른 동물처럼 자연생태계의 일부분이다. 자연은 따로 인간을 구분하지 않는다. 결국 우리는 이 세상이 계속

돌아가기 위해 죽는 것이다. 우리에게 삶의 길을 열어 주기 위
해 수많은 생물이 죽어 갔으며 우리 인간 역시 그들이 살 수
있도록 죽어야 한다."

저자는 사람들이 죽음을 의연하게 받아들이도록 권유했다. 사
실 죽음이란 주제는 생각하기 싫을 정도로 무거울 수 있다. 하지
만 막연한 두려움을 갖고 거부하기보다는 이성적으로 차분히 생
각해 보는 시간이 필요할 것이다. 그런 훈련을 통해 언젠가 우리
가 맞이하게 될 그 순간에 우리는 담담히 죽음을 받아들일 수 있
을 것이다.

지락무락(至樂無樂)

　　　　　　사람들은 모두 행복하기를 원한다. 그럼 과
연 행복이란 무엇일까? 일반적으로 우리는 부귀영화, 호의호식,
입신양명같이 세상 사람들이 부러워하는 것들이 행복이라 여기
고 이를 얻기 위해 많은 노력을 하며 살고 있다.

　그러나 이를 얻으면 행복해하며 만족하기는커녕 더 큰 욕심을
내게 되고, 그것을 얻지 못하면 쉽게 좌절하고 스스로를 불행하
다고 생각한다. 장자는 이런 것을 두고 진정한 행복이 아니고 무
의미한 허영이라고 하며 지락무락(至樂無樂, 지극한 행복은 행복
이 없는 것)이라는 주장을 했다.

　"평생 다 쓰지도 못할 만큼 많은 돈을 모으기 위해 열심히 일
하는 부자는 육체적 생명을 유지하려는 목적에서 너무 멀리 벗어
나 있지 않았는가? 지위를 지키기 위해 늘 불안에 사로잡혀 밤낮
으로 힘들게 애쓰는 사람도 육체적 생명을 돌보는 일에 실패하지
않았는가? 인간은 필연적으로 슬퍼할 운명을 타고났으니, 오래

살면서 불행과 고통을 맛보아야 한다면 슬픔이 연장되는 것을 의미하는 것은 아닌가?"

장자가 이런 주장을 하게 된 것은 당시 사람들이 물신 숭배에 빠져 물질의 노예가 되는 현상을 통찰했기 때문이다. 많은 사람들이 행복에 대한 그릇된 관념 때문에 삶의 질을 희생했으며 이와 같은 현상은 오랜 시간이 흐른 오늘날에도 똑같이 되풀이되고 있다.

장자는 완전한 행복이란 욕망을 채우는 것이 아니고 욕망을 버리는 것이라고 해석했다. 완전한 행복은 행·불행의 구별을 초월하고, 생사의 구별까지도 초월한다. 장자는 아내가 죽자 노래를 불렀다. 이를 보고 문상 간 친구들이 장자를 나무라자 이렇게 대답했다.

"아내의 임종 때 나도 놀라고 슬펐으나 가만히 생각해보니 생(生)이란 본래 없는 것이다. 생만 없는 것이 아니라 형체도 없는 것이다. 지금 아내는 천지(天地)라는 큰 집에 안식하고 있다."

장자의 견해에 따르면 삶과 죽음은 기(氣)의 결집과 분산으로 결정되는 자연현상이다. 삶과 죽음의 본질을 알고 행복과 불행을 똑같이 받아들이면 완전한 행복에 다가갈 수 있다는 것이다. 우리는 평소 행복을 얻으려고 너무 애쓰며 살고 있는 것은 아닐까? 오히려 행복하려고 하지만 않는다면 행복을 자각할 수 있지 않을까? 그런 역설적인 생각을 하게 된다.

죽음 이후의 삶

얼마 전 NGO 단체에 관여하면서 환경운동을 주도해 온 수경 스님이 측근에게 「다시 길을 떠나며」라는 글을 남기고 홀연히 잠적했다는 보도가 있었다.

"나는 죽음이 두렵다. 나 자신의 생사문제도 해결하지 못한 사람이다. 그런데 어떻게 내가 지금 이대로의 모습으로 살아갈 수 있겠는가. 대접받는 중노릇하면서, 스스로를 속이는 위선적인 삶을 이어갈 자신이 없다."

수경 스님이 쓴 글을 보면 4대강 개발을 반대해 온 문수 스님이 소신공양을 하는 모습을 보면서 자신을 돌아보며 많은 번민에 휩싸였던 것이 아닐까 하는 추측을 하게 된다. 불가에서는 부처님께 공양하기 위해 자신의 몸을 불사르는 것을 소신공양이라고 한다. 어떤 스님은 배를 타고 가다가 삶의 허망함을 깨닫고 물고기에게 몸을 공양해야겠다며 강에 투신한 일도 있었다.

남자들은 가끔 동굴에 칩거하며 자신의 삶을 돌아본다고 하는

데 수경 스님의 잠적도 아마 그런 것이 아닐까 싶다. 그런데 죽음이 두렵다는 수경 스님처럼 나 역시 죽음이 두렵다. 이 세상에 어디 죽음이 두렵지 않은 사람이 있겠는가? 신의 심판에 대한 두려움보단 미지의 세계에 대한 두려움일 것이다.

동양철학에서는 '삶도 모르는데 어떻게 죽음을 알겠냐' 하며 불가지론에 가까운 견해를 보이고 있다. 불교에선 극락과 지옥에 대한 구분이 있으나 이것도 궁극적으로는 자기의 망상에서 온 개념이라고 한다.

『인생 수업』의 저자 엘리자베스 퀴블러 로스는 우리의 삶을 지구별에 소풍 온 것으로 비유하기도 했다. 잠시 이곳에 왔다가 우리의 본향으로 다시 돌아간다는 것이다. 그는 죽음으로 우리의 육체는 비록 사멸하지만 영혼은 다른 세계로 옮겨 간다고 이야기한다. 그리고 죽음을 눈앞에 두고 박사는 "나는 은하수로 춤추러 갈 거예요. 그곳에서 노래하고 춤추며 놀 거예요"라는 말을 했다. 박사는 악기를 배웠더라면 연주하고 노래할 텐데, 다룰 줄 아는 악기가 없는 것이 아쉽다며 죽음을 맞았다.

죽음 이후의 삶에 대해서 모두들 궁금해하지만 어느 누구도 시원한 답을 구할 수 없다. 죽어 봐야 아는데 죽은 사람은 말이 없다. 죽음을 두려워하고 회피하고자 하는 것은 죽음을 모르기 때문이라는 견해가 있다. 죽음은 알고 보면 무서운 것도 아니며, 우리뿐만 아니고 모든 생명이 겪는 자연스러운 일이다. 우리가 죽음을 이해하고 나면 삶을 어떻게 살아야 할지에 대한 명확한 좌표를 갖게 된다고 한다.

우리가 돈을 모으고 사람을 사귀는 것 같은 모든 행동들이 사실은 위험에 대비해 자신의 안전을 강구하기 위함이라고 한다. 그 위험이라는 것을 깊이 파고들어 가 보면 결국은 죽음에 대한 문제로 귀착된다. 죽음에 대한 두려움을 없앨 수 있다면 세상사를 편히 관조할 수 있을 것이다.

삶이 죽음에게 묻다

　　　　　　　사람이 죽으면 그 영혼은 어디로 갈까?
『성경』의 전도서에선 몸은 제가 생겨난 땅으로 돌아가고 영혼은
그를 주신 하느님께 돌아간다고 했다. 그리하여 그가 한 행위로
심판을 받은 후 선한 사람은 천당으로 가고, 악한 사람은 지옥으
로 간다는 것이다. 불교에선 49일 동안 구천을 떠돌다가 다른 세
상에 태어난다고 한다. 불교에서도 현생에서 좋은 일을 한 사람은
극락으로 가고 그렇지 않은 사람은 그에 걸맞은 곳에 태어난다.
　어느 누군들 천당에 가고 싶지 않은 사람이 있겠는가? 목사님
이 설교 후에 신자들에게 천당에 가고 싶은 사람들은 손을 들어
보라고 하자 신자의 거의 대부분이 손을 들었다. 그러나 잠시 후
목사님이 지금 즉시 천당에 가고 싶은 사람은 다시 손을 들어 보
라고 하자 이번에는 아무도 손을 드는 사람이 없었다. 천당이 아
무리 좋아도 지금 바로 가고 싶은 사람은 없다는 것이다. 성경에
도 죽은 사자보다 살아 있는 개가 낫다는 말이 있다. 그야말로 개

똥밭에 굴러도 이승이 좋다는 옛말과 일맥상통하는 이야기이다.

　그러나 장자의 생각은 조금 달랐다. 그는 책에서 이런 말을 했
다. 애봉국의 공주 여희는 처음 진왕에게 출가할 때 부모님의 곁
을 떠나는 게 싫어서 몹시 울었다. 그러나 정작 왕에게 시집간 뒤
왕과 호의호식을 하며 살더니 처음 시집가서 울었던 것을 후회했
다고 한다. 장자는 이와 같이 죽음을 두려워하던 사람이 죽은 뒤
에 비로소 살던 때를 후회한다고 말하여 죽음이 사는 것보다 좋
다고 주장했다.
　불교에선 생사이변이 다 고(苦)라고 한 것과 달리 장자는 죽음
을 무위의 세계로 본 것이다. 이미 2500년 전에 그런 생각을 했다
는 게 놀랍기만 하다. 장자의 이런 생각은 죽음을 두려워하는 우
리에게 위로가 되기도 한다.

　퀴블러 로스는 죽음을 나비로 태어나는 것에 비유했다. 우리의
삶이 번데기라면, 죽음은 번데기에서 나비로 환생하는 것과 같다
는 것이다. 호스피스 병동에서 임종을 앞둔 환자들은 죽으면 자
기의 존재가 없어진다는 것에 대해 큰 두려움을 갖고 있었다. 그
래서 퀴블러 로스는 임종 환자들에게 죽으면 또 다른 세상에 다
시 태어난다며 그들의 불안한 마음을 달래주었다.

　그러나 사는 게 좋은지, 죽는 게 좋은지 그걸 우리가 어떻게 알

수 있겠는가? 다만 많은 임종을 옆에서 목격한 호스피스 간호사들은 죽어가는 사람을 보면 그가 어떤 삶을 살았는지 알 수 있다고 한다. 우리에게 찾아올 그 마지막 순간에 이 세상과 편안한 이별을 할 수 있도록 살아 있는 동안 우리에게 주어진 시간을 쓸데없이 낭비하기보다는 선한 일을 하며 잘 살아야 할 것이다.

보건복지부에 따르면 2012년 노인 1인의 연간 의료비가 311만 원으로 우리나라 전체 국민 진료비 중에서 65세 이상 노인의 진료비가 차지하는 비중이 34%가 넘는다. 최근 우리나라 인구의 노령화가 급속히 진행되면서 노인 의료비 부담이 점점 늘고 있는 추세다. 이런 상황에서 노후 의료비에 대한 걱정으로 민영보험에 가입하는 사람들이 많지만 대한민국 국민이라면 건강보험에 가입되어 받을 수 있는 혜택도 있으니 알아두면 유용할 것이다.

* 노인장기요양보험

모든 국민건강보험 가입자는 장기요양보험 가입자가 된다. 65세 이상의 노인 또는 65세 미만의 사람으로서 치매, 뇌혈관성 질환 등 노인성 질병을 가진 사람 중 6개월 이상 혼자서 일상생활을 수행하기 어렵다고 인정되는 대상자에게 신체활동 또는 가사활동 지원 등의 서비스나 장기요양급여를 제공한다.

장기요양급여의 종류는 재가급여 · 시설급여 · 특별현금급여가 있고, 특히, 재가급여를 통해서는 방문요양, 방문목욕, 방문간호, 주 · 야간보호, 단기보호 등의 서비스를 받을 수 있다.

☎ 문의: 국민건강보험공단 www.longtermcare.or.kr 1577-1000

* 치매조기검진

치매환자를 조기에 발견 · 관리할 수 있도록 60세 이상 모든 노인을 대상으로 검진을 실시하되 저소득층에 우선권을 부여한다. 보건소에서 1단계 치매선별검사를 실시하고, 그중 인지기능 저하자를 대상으로 보건소와 지정·연계한 거점병원에서 진단검사, 감별검사를 실시한다. 치매 진단을 받고 치료제를 복용하고 있는 치매환자 중에서 재산·소득이 전국 가구 평균소득 이하인 60세 이상의 사람은 치매 치료를 위한 진료비와 처방받은 약제비 등 의료비의 일부를 지원받을 수 있다. 의료비를 지원받으려는 사람은 관할 보건소에 지원 신청을 하면 된다.

☎ 문의: 각 보건소 치매상담센터, 보건복지부 콜센터 129

* 노인실명예방 안검진

2003년부터 한국실명예방재단이 보건복지부와 함께 무료 안검진을 실시하고 있다. 매년 전국 보건소를 통해 검진 수요 조사 실시 후 희망 지역을 대상으로 검진을 실시한다. 60세 이상 노인이라면 누구나 안질환을 조기에 발견하고 적기에 치료하여, 실명을 예방할 수 있도록 무료로 눈 정밀 검진을 받을 수 있다. 검진 결과에 따라 저소득층의 경우에는 수술비가 지원된다.

☎ 문의: 한국실명예방재단 www.kfpb.org   02-718-1102

요즘 노년층에서 관심이 높아지고 있는 사전의료의향서에 대해 궁금한 몇 가지를 알아보자.

Q. 사전의료의향서란 무엇인가요?

A 사전의료의향서는 임종 직전 자신이 받을 치료 범위를 미리 스스로 결정해 놓은 문서이다.

Q. 사전의료의향서는 왜 쓰나요?

A 본인이 의료적인 위급상황을 맞았을 때 원하는 치료와 원하지 않는 치료를 사전에 서면진술서로 작성하여 이후 자신이 의식이 없는 상황에서 의료진과 가족들이 자신의 뜻을 확인하고 따르도록 하는 것이 목적이다.

Q. 사전의료의향서는 누가 쓸 수 있나요?

A 대한민국의 법적 성인이라면 누구라도 작성할 수 있다.

Q. 사전의료의향서는 언제까지 유효한가요?

A 본인이 철회하지 않으면 계속 유효하다. 단, 본인이 원할 경우 언제라도 변경하거나 철회할 수 있다.

Q. 사전의료의향서가 법적 효력이 있나요?

A 우리나라에 사전의료의향서를 반드시 따라야 한다는 법률은 없다. 그러나 2009년 세브란스병원 김 할머니 사건에 대한 대법원 결정에

따르면 의사결정능력이 없는 환자에게 연명 치료를 중단하려면 환자의 합리적인 치료중단의사가 사전에 있어야 한다고 밝히고 있다. 이 판결에 따르면 자신의 치료 여부에 대한 의견을 미리 밝혀 두면 그 효력이 인정된다는 것이다. 더 확실하게 하고 싶은 경우에는 개인적으로 공증을 하는 방법도 있다.

사전의료의향서 작성 후에는 그 사실을 가족과 주변 사람들에게 알려주어야 한다. 원하는 경우 사전의료의향서 실천모임에 사전의료의향서 사본을 보관할 수도 있다.

☎ 문의: 사전의료의향서 실천모임 www.sasilmo.net   02-2228-2670

출처: 사전의료의향서 실천모임

우리는 죽음이 예외 없이 누구에게나 찾아온다는 것을 알고 있다. 그리고 제대로 준비하기만 한다면 죽음은 두려울 것이 없는 일이라고 말한다. 그렇게 준비된 죽음을 맞는 것을 우리는 웰다잉이라고 한다. 무엇보다도 남에게 부담을 주지 않는 죽음을 준비하고 싶어 하는 사람들이 많다. 잘 사는 것만큼 잘 죽는 것도 중요하게 여겨지며 우리 시대의 새로운 화두로 떠오르고 있다.

그렇다면 웰다잉을 위해 우리는 어떤 것을 준비해야 할까?

일반적으로 사전의료의향서와 유언장을 작성하는 것을 생각할 수 있다. 이외에 엔딩노트를 작성하기도 한다. 엔딩노트는 자신의 신변 정리를 위한 기록을 남기는 것으로 사후 장례 계획이나 다른 소소한 개인적인 사안들을 정리할 때 가족들에게 큰 도움이 될 것이다.

그리고 우리나라에만 있는 특이한 체험 중 하나가 바로 가상 죽음 체험이다. 수의를 입고 입관 체험을 직접 해 보는 것이다. 현재 각 지자체 복지관과 여러 단체에서 진행하고 있다. 과연 입관 체험이 어떤 효과가 있을지에 대해서는 논란이 있지만 유언장을 쓰고 수의를 입고 입관을 하는 체험을 통해 삶의 소중함을 다시 한번 느껴 보는 기회가 될 수 있을 거란 생각이 든다.

이렇게 죽음을 미리 준비하고, 잘 죽자는 말을 하면서도 사실 죽음 앞에서 과연 이 모든 것들이 얼마나 도움이 될지는 모르겠다는 의문이 머릿속에서 떠나질 않는다. 어쩌면 죽음은 익숙해지지 않는 두려움일지도 모르겠다.

* 좋은 죽음을 맞이하기 위한 조건

1. 죽음이 다가오고 있다는 것과 무엇을 기대할 수 있는가에 대해 알고 있어야 한다.
2. 일어나는 일들을 합리적으로 통제할 수 있어야 한다.
3. 존엄성과 개인성(privacy)을 보장받아야 한다.
4. 고통 완화와 다른 여러 증상들에 대해 적절한 통제를 할 수 있어야 한다.
5. 어디서 죽음을 맞이할 것인가에 대해 선택할 수 있어야 한다.
6. (자신의 상태에 대한) 정보나 전문가의 의견을 어떤 종류이건 간에 접할 수 있어야 한다.
7. 영적인 후원이나 정서적인 후원이 필요할 때 그것에 접근할 수 있어야 한다.
8. 어디에 있든(집, 병원 등) 호스피스나 완화의료적인 돌봄에 접근할 수 있어야 한다.
9. 내 옆에 누가 있어야 하고 마지막을 누구와 함께하고 싶은지에 대해 발언권이 있어야 한다.
10. 자신이 원하는 바가 존중된 사전의료의향서(혹은 사전 유언장)를 만들 수 있어야 한다.
11. 마지막 작별 인사를 할 시간을 가져야 한다.
12. (이 세상을) 떠날 시간이 되었을 때 임종을 맞을 수 있어야 하고 삶을 공연히 연장시키지 않을 수 있어야 한다.

출처: Richard Smith, 『A Good Death』